SOCORRO, MEU FILHO NÃO ESTUDA!

Dicas que vão mudar para sempre a relação de seus filhos com os estudos

Roberta Bento e
Taís Bento

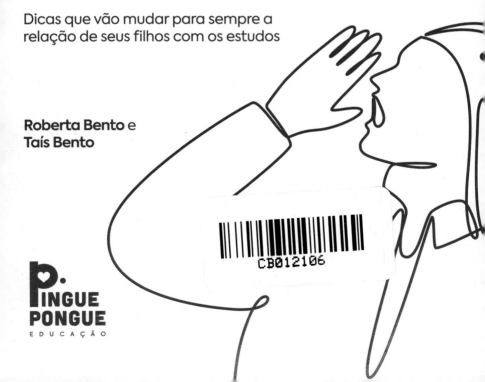

PINGUE PONGUE
EDUCAÇÃO

SOCORRO, MEU FILHO NÃO ESTUDA!

2ª edição revista e ampliada, 2024

Texto © **Roberta Bento** e **Taís Bento**
2ª edição revista e ampliada © Pingue Pongue Edições e Brinquedos Pedagógicos LTDA, 2024

Produção Editorial
Pingue Pongue Educação

Projeto Gráfico e Diagramação
Eduardo Reyes

Fotos
Sergio Fujiki

Revisão
Daniela Lima

Dados Internacionais de Catalogação na Publicação (CIP)
(Câmara Brasileira do Livro, SP, Brasil)

Bento, Roberta
  Socorro, meu filho não estuda! : dicas que vão mudar para sempre a relação do seu filho com os estudos / Roberta Bento, Taís Bento. -- 1. ed. -- Barueri, SP : Pingue Pongue Educação

  ISBN 978-65-84504-41-7

  1. Crianças - Dificuldade de aprendizagem 2. Educação - Participação dos pais 3. Educação de crianças 4. Família e escola 5. Pais e filhos
  I. Bento, Roberta. II. Título.

24-205676   CDD-372.82

Índices para catálogo sistemático:
1. Crianças : Aprendizado escolar : Participação dos pais : Educação 372.82

Aline Graziele Benitez - Bibliotecária - CRB-1/3129

Este livro atende às normas do Novo Acordo Ortográfico, em vigor desde janeiro de 2009.

[2ª edição, 2024] Todos os direitos reservados.

Pingue Pongue Edições e Brinquedos Pedagógicos LTDA.
Avenida Sagitário, 138, 108A, Sítio Tamboré Alphaville, Barueri-SP, CEP 06473-073
contato@pinguepongueeducacao.com.br

www.pinguepongueeducacao.com.br

SUMÁRIO

Prefácio..7

Introdução.. 11

Elevando a autoestima para aprender melhor.........................15

A importância das informações
disponíveis no ambiente 21

Espaço na memória operacional.. 27

Fatos e procedimentos armazenados
na memória de longo prazo..33

Vamos por partes!..39

Que chato! (Para crianças.) 45

Que chato! (Para adolescentes.)..51

Cavucando a memória..61

Aproveite o tempo em família 65

Exercendo a função de responsável.....................................71

Professor particular. Qual é o melhor momento?.................... 77

A hora da lição de casa 83

Desenvolvendo senso de responsabilidade...........................87

Equilíbrio no tempo de tela...93

Seu filho de bem com os estudos 109

PREFÁCIO

Desde o primeiro dia de vida, a criança começa o aprendizado, sua mente é muito ativa e curiosa. Ela aprende sobre o mundo à sua volta, sobre como as coisas funcionam, sobre seu corpo e suas habilidades. E podemos perceber como esse aprendizado acelera quando as crianças começam a explorar o mundo de uma forma mais independente, se movimentando, usando a comunicação.

Com um título tão chamativo, não tem como não prestar atenção neste livro.

Mas tenho certeza de que ele vai muito além do que você está pensando...

Este é um livro para toda mãe, todo pai e todo responsável. Desafios nos estudos sempre existiram, mas nos dias de hoje com tantas distrações, excesso de tecnologia, enxurrada de informações nos sentimos sozinhos e confusos.

Em um mundo tão corrido, cheio de preocupações e ansiedades e tanta informação sobre educação dos filhos, nos sentimos muitas vezes perdidos. Esses sentimentos se ampliam quando nossos filhos entram na idade escolar, muitos pensamentos passam por nossa cabeça: "será que meu filho irá bem na escola? Ele terá amigos? Participará das aulas? Fará as lições de casa? Saberá se organizar? Irá bem nas provas? Como posso ajudá-lo?".

Esses pensamentos são muito comuns, pois nos dias de hoje somos bombardeados de informações de todos os lados sobre "como educar nossos filhos", e mesmo em meio a tanta informação, muitas vezes nos sentimos perdidos sobre o que fazer, como educar ou como ajudar nossas crianças a crescerem saudáveis, produtivas e com o amor ao aprendizado. Às vezes sentimos que perdemos a mão, que não temos o "instinto" necessário para ajudar nossos filhos com o que eles precisam.

Nesse mundo tão tecnológico e com tantas distrações, onde nós "gritamos" por conexão, mesmo estando sempre *on-line*, nos sentimos sobrecarregados e inadequados para educarmos nossos filhos. Mas esse sentimento pode sim ser diferente. Você irá terminar a leitura de *Socorro, meu filho não estuda!* com leveza, clareza e exemplos práticos de como navegar a educação dos seus filhos e a relação deles com o estudo de uma maneira mais coerente.

Conheci Taís e Roberta quando minha primeira filha tinha 2 anos, em 2015. Sou profissional da Educação Infantil, mas, na época, sabia muito pouco sobre Neurociência Cognitiva. Conhecer o trabalho delas fez muita diferença em meu maternar. Elas escrevem e se comunicam com uma clareza ímpar, colocaram informações neste livro que conseguimos ler em um dia e terminarmos com ferramentas fáceis para implementar imediatamente em nossas casas com nossos filhos.

Socorro, meu filho não estuda! não é só sobre educação na escola, é sobre o amor ao aprendizado, conexões de famílias, priorizar o que realmente importa, prestar atenção em nossos filhos, ser intencional com nossas ações para sermos o apoio para eles, para que desenvolvam suas habilidades e sua personalidade da melhor maneira.

Neste livro elas descrevem como podemos criar crianças confiantes, que resolvem problemas, que encontram um equilíbrio no estudo e na vida. Nos ensinam como podemos e devemos usar a tecnologia como aliada nos estudos e dentro de casa, nos ensinam sobre a importância da concentração, paciência, autoestima e memória para o aprendizado.

Em um cotidiano com tantos rótulos e tanta comunicação negativa para as crianças que estão passando por desafios, como: "você é preguiçoso", "se você não estudar não vai ser ninguém", "seu primo tirou uma nota melhor que você", "sai desse celular, eu não aguento mais", encontramos um livro com uma didática simples para entendermos o poder de nossas ações e como elas podem ajudar nossos filhos a amarem o processo de aprendizagem ou a resgatarem o que perderam pelo caminho.

Sou suspeita, pois agora tenho Roberta e Taís como amigas, mas este livro traz esperança para nós, pais e responsáveis, educarmos uma geração para um mundo muito melhor.

Flavia Calina
Educadora, criadora de conteúdo e
mãe de 4: Victoria, Henrique, Charlie e Rebecca.

INTRODUÇÃO

Desde o momento em que saímos da maternidade com nosso filho, ainda bebê, no colo, pensamos: "onde estará o manual de instruções? Que botão eu aperto para parar essa choradeira sem fim? Onde encontro alguém que me diga com certeza o motivo daquele choro?".

Aos poucos aprendemos, como pais, a identificar cada um: o choro de dor, aquele de fome, a manha de sono.

Eis que, diante dos nossos olhos, para nossa surpresa, o tempo passa e aquele serzinho indefeso torna-se independente em diversos aspectos. Caminha sozinho. Pede comida. Mostra onde dói.

Pronto! Missão cumprida, certo? Não. Descobrimos que agora é que vem de fato o desafio. Se ele já é independente, pressupõe-se então que saberá como seguir seu – cada vez mais longo – caminho como aluno.

A melhor resposta é: #sqn! *(Só que não!)*

Se ele não fará sozinho esse caminho, voltamos à estaca zero: onde estará o manual de instruções para lidar com essa pessoinha que já tem opinião própria e usa a tecnologia como um *expert*?

Há alguns anos temos acompanhado as escolas gritando aos pais por socorro. E estes, por sua vez, disfarçando o desespero e fingindo acreditar que a escola tem o manual de como lidar com essa criança ou esse adolescente.

Para o bem ou para o mal, não demora para que os pais percebam que, se eles, que criaram esse filho, não sabem que caminho seguir para ajudá-lo a entender as conexões entre a escola e o mundo que o aguarda, como professores poderão fazer isso sozinhos?

Sendo muito, muito otimista e olhando para casos em que o esforço conjunto entre escola e família já acontece em alto grau de sintonia, ainda assim, em diversas partes do mundo, o envolvimento dos alunos/filhos com seus estudos está aquém do que poderia ser.

Resultado: estresse, tensão, revolta, mau comportamento, *bullying*, depressão, mau desempenho, sensação de impotência – por parte de pais e filhos.

A boa notícia é que desta vez a tecnologia está sim a favor dos pais! Estudos sobre o funcionamento do cérebro e como ele reage a diversas situações de ensino-aprendizagem têm trazido informações valiosíssimas, que podem aliviar todos os sintomas desanimadores mencionados acima.

Você já ouviu falar da Neurociência Cognitiva? Pois é nessa área que se unem o estudo do funcionamento do cérebro e os processos de aprendizagem.

Não se preocupe. Nós deciframos para você e integramos na prática do dia a dia o que as descobertas dessa área trouxeram para ajudar no desafio de conseguir que seu filho não somente tire boas nota, mas, de fato, aprenda o conteúdo que a escola ensina. Mas isso ainda não é o objetivo deste livro.

Uma das descobertas da Neurociência Cognitiva que mais me encantam, tanto como mãe quanto como educadora, é o fato de que há alguns aspectos do processo de aprendizagem que dependem totalmente do papel dos pais ou responsáveis pelo aluno.

Nasceu aí a ideia de levar aos pais estratégias de como exercer esse papel único e fundamental na vida de seus filhos: despertar neles o gosto por aprender a aprender.

Socorro, meu filho não estuda! traz para você a chance de ajudar seu filho a gostar de aprender e descobrir que estudar pode sim ser prazeroso e gratificante.

Roberta Bento

Desabafo ou clichê, a questão é que a expressão "socorro, meu filho não estuda!" está na cabeça da maioria dos pais, e o caminho até chegar a ser falada em voz alta passa pela ansiedade de saber se o filho vai ter um bom desempenho na escola, pelo cansaço das tentativas frustradas e pelo sentimento de fracasso ou de desanimo para continuar na luta por um filho com bom desempenho escolar.

Como professora, pude perceber que chega um ponto da batalha em que todos são encarados como inimigos e a sensação é de que o mundo está contra você: computador, televisão, relógio e até seu próprio filho.

Neste livro, você vai encontrar dicas práticas embasadas em estudos do funcionamento do cérebro e baseadas no dia a dia de uma família atual. Aqui vamos falar sobre o que fazer com todos os recursos digitais que fazem parte de cada segundo da vida de seu filho; vamos mostrar por que o simples fato de falar na frente dele: "meu filho não estuda" pode estar fazendo com que ele realmente não estude e vamos abordar os mais diversos temas em relação ao momento de estudo e aos momentos de tempo livre de seu filho.

Este livro foi escrito por mãe e filha. Juntas, somamos mais de quarenta anos de experiência na área de educação. Tivemos a oportunidade de conhecer casos que deram certo em diversas partes do mundo. Passamos dias discutindo teorias educacionais e buscando caminhos para levá-las, de forma prática, a pais e filhos.

Socorro, meu filho não estuda! é baseado em diversas pesquisas e muita prática, e foi escrito com muito amor e vontade de socorrer pais e filhos na saga por um bom relacionamento com os estudos. Boa leitura!

Taís Bento

1

ELEVANDO A AUTOESTIMA PARA APRENDER MELHOR

Há diversos processos ocorrendo simultaneamente no cérebro de seu filho no momento de fazer a lição de casa ou estudar para uma prova. Vamos então começar pelo ponto mais básico, sem o qual todos os outros esforços ficarão comprometidos e fadados ao fracasso: a autoestima.

Estudos sobre o funcionamento do cérebro demonstram que o ser humano, especialmente crianças e adolescentes, encontra prazer em raciocinar e enfrentar desafios de ordem cognitiva somente se perceber que será bem-sucedido nessa tarefa. Na prática, isso significa que, quando olha para uma atividade e essa lhe parece difícil ou imagina que não vai conseguir acertar a resposta, seu filho já se desmotiva e começa a procurar maneiras de se livrar dessa tarefa, em vez de usar o cérebro para resolver o desafio.

Como seu filho precisa acreditar que será capaz de resolver o desafio para que comece de fato a entendê-lo e trabalhar nele, é fundamental que dentro de casa receba esta mensagem: você é capaz!

Se você, mãe ou pai, está pensando em mandar fazer um quadro com essa mensagem para colocar no quarto de seu filho, tenho uma boa e uma má notícia. A boa é: você vai economizar esse tempo e o dinheiro que gastaria para fazer o quadro e terá um preguinho a menos estragando sua parede.

A má notícia é: você é responsável por passar essa mensagem sem, em momento algum, mencionar as palavras: "você é capaz". E isso não é fácil, até que você tenha adquirido esse hábito e internalizado como procedimento em sua vida diária.

Infelizmente – porque, temos de admitir, você teria menos trabalho se colocar o quadro na parede fosse a solução – essa mensagem só é assimilada pelo cérebro se ela for passada indiretamente, em atividades práticas do dia a dia. Ela está presente no tom de voz, na seleção de palavras, no olhar, na sua conversa com tios, avós, amigos e familiares quando fala sobre seu filho e conta o que ele anda aprontando. Até mesmo – ou melhor, principalmente – nos momentos em que você precisa repreendê-lo.

Dê agora mesmo uma pausa na leitura e tente recordar quantas vezes você disse para alguém que seu filho não gosta de alguma coisa ou que não é bom em determinado assunto ou determinada matéria, desastrado, distraído, desobediente, disperso, preguiçoso, terrível...

Lembra-se de já ter dito alguma coisa assim, achando que só estava contando para alguém como ele é?

Pois então. Ao dizer "ele é", seguido de qualquer palavra de conotação negativa, você, mesmo sem a menor intenção, acabou dando uma força para que a autoestima de seu filho caísse alguns "centímetros".

No dia a dia, isso se reflete de diversas maneiras. Vamos, porém, manter o foco no impacto que isso tem nos estudos: a recusa ou lamentação no momento de fazer o dever de casa nada mais é do que o cérebro enviando sinais de recusa a uma situação que pode gerar frustração.

Mesmo que as situações geradas por qualquer mau comportamento de seu filho possam, algumas vezes, ser ou parecer engraçadas, evite divulgá-las ou, pelo menos, não o faça quando ele estiver por perto ouvindo!

Substitua as conversas em público sobre os pontos negativos por histórias que valorizem as qualidades de seu filho. Divida com ele tarefas que você não o deixava realizar, colocando a parte mais fácil e sem risco para que ele a desenvolva. Assim que ele terminar, agradeça e elogie.

Elogie mesmo ações simples. Ofereça desafios que ele consiga superar. Conte para os familiares, sem constrangê-lo, como você o admira e mencione fatos concretos.

Em seguida, observe como a relação dele com os estudos vai mudar!

Em vez da pressão para aprender, seu filho, inconscientemente, com a autoestima em um nível mais alto, desenvolverá uma predisposição para gostar de aprender!

TRÊS MANEIRAS DE ELOGIAR PARA QUE SEU FILHO ABSORVA O ELOGIO DE FORMA SIGNIFICATIVA

1. Descrever: quando ele mostrar um desenho, troque o "que lindo" por uma descrição do que você vê no desenho: "você fez três pontinhos, um risco maior e outro menor...". Ao perceber que você realmente prestou atenção nos detalhes do que ele fez, seu filho vai construir um elogio que seja impactante para ele.

2. Expressar sentimentos: tente nomear um sentimento positivo que ele tenha causado em você ao fazer a coisa certa: "que prazer entrar em um quarto tão arrumado". Assim ele sente que é capaz de fazer coisas que causam um sentimento positivo em outras pessoas. Um elogio do tipo "bom menino" pode ser anulado quando, no dia seguinte, por algum motivo, ele ouve "que menino malcriado". Mas ninguém jamais vai poder anular o sentimento positivo dentro dele depois de ser reconhecido pelo que fez o outro sentir.

3. Resumir: fale em uma ou duas palavras alguma habilidade que ele usou para fazer determinada coisa: "mesmo cansado depois de todas as suas atividades do dia, você conseguiu acabar a tarefa e estudar para a prova. Quanta persistência".

Elogiando dessa forma, você ajuda seu filho a construir autoconfiança. Nos momentos em que ele estiver desmotivado e desacreditado, esse sentimento de ser capaz servirá de força para ele seguir em frente.

2

A IMPORTÂNCIA DAS INFORMAÇÕES DISPONÍVEIS NO AMBIENTE

Para seu filho resolver um problema, entender um texto ou desenvolver um raciocínio, ele precisa que três fatores estejam presentes:

1. Informações adequadas disponíveis no ambiente;

2. Espaço na área de trabalho de seu cérebro, chamada de memória operacional;

3. Fatos e procedimentos armazenados na memória de longo prazo.

Neste capítulo, falaremos sobre as informações disponíveis no ambiente. Para melhor entender esse conceito, pense nele como se fosse uma soma. Você pode chegar ao resultado (resolução do problema) somente se tiver todos os fatores disponíveis (no caso, números, para serem somados).

Vamos dividir os três fatores essenciais para um bom desempenho nos estudos em três capítulos, para que possamos explorar cada um adequadamente, dando a você condições de ajudar seu filho a estudar melhor.

Há tempos existe o consenso em relação à importância de um espaço de estudos para a criança ou o adolescente em casa. O elemento novo trazido por neurocientistas é o impacto que esse ambiente e as informações nele disponíveis trazem para o aprendizado e para a predisposição ao estudo.

Entra aqui a importância de ajudar seu filho a se organizar para fazer sua tarefa, estudar para uma prova ou simplesmente revisar um conteúdo ensinado recentemente pelo professor na escola.

1 _____

Comecemos pelo que ele deve ter acessível no momento do estudo: o material escolar. No caso de livros e apostilas da escola, deve ter sobre a mesa exclusivamente aquele que se refere à matéria que ele estudará naquele momento. Isso porque:

1. Caso coloque as apostilas de todas as matérias em cima da mesa, ele já tem o impacto psicológico da grande quantidade de tempo que precisará para cobrir tanto conteúdo. Automaticamente o cérebro entra no modo "desânimo", já que o desafio parece grande demais para ser superado;

2. O tempo que ele levará para selecionar o livro ou a apostila de que precisa, no momento em que estiver fazendo as atividades, pode gerar dispersão e perda de foco. Por exemplo, ao passar pelo material de geografia e lembrar que terá uma prova na semana seguinte, ele resolve deixar para depois a tarefa de matemática na qual estava começando a se concentrar;

3. Se seu filho for extremamente focado, ele precisará de um tempo para oxigenação do cérebro: fazer intervalos e movimentos diferentes ajuda a manter o cérebro ativo e proporciona melhores condições para memorização e compreensão. É ótimo que, ao terminar as tarefas de uma matéria, ele tenha que se levantar, guardar o material que estava usando, pegar outros materiais e reorganizar o espaço. Ao sentar-se novamente para começar o trabalho de outra matéria, seu filho terá energia e capacidade de concentração e aprendizagem renovadas.

2 _____

Além de livro (ou apostila) da matéria e caderno, o espaço ideal pode conter outros recursos de acesso a estudo e pesquisa: revistas, jornais, livros e até mesmo o celular ou computador, desde que usados com critério – foco na busca de informações necessárias ao que está sendo estudado. Como o computador pode ser um componente que tira a atenção e o foco, sugerimos que sua utilização ocorra inicialmente com suporte e acompanhamento do responsável no momento de estudo. Muito rapidamente seu filho sozinho será capaz de fazer a opção de terminar seus trabalhos para depois voltar a usar o equipamento para diversão. No caso em que a escola já tem as atividades para serem feitas em casa disponíveis *online*, sua tarefa será acompanhar por um período inicial de forma a garantir que seu filho aprenda a se concentrar nas atividades a serem feitas, sem dispersão em *sites* de relacionamento ou em salas de bate-papo.

Lembrando do Capítulo 1, caso você esteja empenhado em melhorar a autoestima de seu filho, pode combinar que ele terá livre acesso à Internet até que tenha conseguido listar no papel os itens da lição que trouxe para casa naquele dia. Em seguida, para que possa manter a capacidade de foco e atenção no potencial máximo, é preciso se desconectar. Dessa forma as atividades da lição de casa têm maior chance de surtir o efeito desejado: impactar de forma positiva o processo de aprendizagem e desenvolvimento de competências.

3

Onde ficam os outros elementos que compõem o dia a dia da casa nesse momento – por exemplo, televisão, irmãos menores (ainda bebês), brinquedos, *videogame*? Ficam fora de cena! Eles são exatamente as informações não adequadas que muitas vezes acabam por tumultuar o ambiente, gerar estresse desnecessário e tirar o foco de que a criança precisa para criar o hábito de estudo e desenvolver o prazer pelo aprendizado.

Nada impede que pais e irmãos menores estejam no mesmo ambiente, desde que estejam empenhados em uma tarefa que requer concentração, de forma a dar suporte ao estudo e apoio pelo exemplo. Não adianta querer que seu filho se concentre em estudar enquanto você assiste a um programa divertido na TV!

3

ESPAÇO NA MEMÓRIA OPERACIONAL

Para que seu filho possa resolver um problema, entender um texto, aplicar uma fórmula, enfim, raciocinar, três fatores devem estar presentes:

1. Informações adequadas disponíveis no ambiente;

2. Espaço na memória operacional;

3. Fatos e procedimentos armazenados na memória de longo prazo.

No capítulo anterior, apresentamos a importância do ambiente na aprendizagem. Agora você poderá entender melhor como a memória operacional influencia os estudos de seu filho.

A memória operacional é aquela que armazena, ou concentra, tudo aquilo em que você está pensando neste momento.

É a parte da mente em que está tudo aquilo do que você tem consciência em determinado momento: os sons distantes, a poeira na mesa, a luz que entra pela janela. Nela também estão armazenadas as tarefas, afazeres que compõem seu dia a dia. Nesse caso, mais conhecida como memória de curto prazo.

Acontece que a aprendizagem ocorre quando você junta informações disponíveis no ambiente com aquelas existentes na memória de longo prazo e as combina de formas diferentes das que havia feito até então.

Para facilitar o entendimento, pense como se o novo conhecimento ou o conteúdo que precisa ser aprendido fosse um bolo. As informações disponíveis no ambiente representam a farinha, os ovos e o açúcar. As informações da memória de longo prazo são o fermento.

A memória operacional é a tigela, ou o recipiente, na qual você faz a mistura.

Considerando que você não tem, neste caso, a opção de pegar um recipiente de tamanho ou formato diferente (infelizmente, ainda não abriram uma loja onde uma pessoa possa escolher um cérebro novo: "quero aquele ali, com bolinhas rosa..."), a única maneira de conseguir reunir e manipular adequadamente os ingredientes (ou seja, as informações) na memória operacional e conseguir um bom resultado é garantir que haja espaço suficiente para tal.

Digamos que o espaço seja o que permitirá que você se concentre, para poder raciocinar. Como a memória operacional é sua consciência de tudo o que está ao seu redor e também sua memória de curto prazo, com tudo o que tem ou quer fazer, é preciso tirar dali tudo o que for possível para abrir espaço para a mistura dos ingredientes advindos do ambiente e da memória de longo prazo. Isso porque não são somente os ingredientes que ocuparão o espaço. Não basta reuni-los na memória operacional. Assim como não basta jogar todos os ingredientes, da maneira como você os recebeu, dentro da tigela para fazer o bolo.

A maneira como você combina, organiza e reorganiza essas informações é o que de fato gerará o aprendizado.

Se uma pessoa jogar o pacote de farinha, os ovos inteiros, o potinho de fermento em um recipiente, não haverá bolo. Somente um amontoado de ingredientes ocupando espaço – e sem utilidade alguma.

E assim conseguimos entender a falta de motivação de nossos filhos com os estudos. O que eles possuem, nesse momento, é o recipiente sendo preenchido com pacotes de farinha e ovos inteiros – ainda com casca. O que fazer para que todas as informações passadas a eles se transformem em conhecimento, ninguém diz.

Isso sem contar que o recipiente deles está transbordando informações que chegaram já sem a embalagem – jogos, vídeos, notificações de redes sociais, que se tornam um bombardeio de superestímulos altamente prejudiciais às crianças e aos adolescentes. Lembrando que criança não deve ter rede social, em hipótese alguma.

Mas voltemos ao nosso objetivo: como despertar a motivação e o interesse pelo estudo e ajudar seu filho a ter melhor desempenho na escola. É nesse ponto que temos na tecnologia o maior concorrente, pois ela povoa a memória de curto prazo de nossos filhos com informações e técnicas que geram prazer, mas sobre isso falaremos com mais detalhes em um outro capítulo.

O desafio é abrir espaço na memória de curto prazo. Sem espaço no recipiente, onde será feita a mistura para o bolo? Sem espaço na memória operacional, como seu filho transformará em conhecimento o que foi apresentado na aula?

Como você pode ajudar seu filho a abrir esse espaço na memória operacional para que possa reunir os ingredientes de maneira adequada e, inclusive, inovar na mistura, gerando assim um novo conhecimento e a compreensão do conteúdo que está estudando?

Algumas dicas são:

1. Concentre-se: faça com seu filho atividades divertidas que tenham certa duração e durante as quais ele esteja totalmente focado. Por exemplo: leia um livro para ele, caso ainda não seja alfabetizado. Se for mais velho, assista com ele a um *show* (deixe que ele escolha o artista ou a banda) ou a um filme. Combine – e cumpra você também – que vocês não usarão ou atenderão o celular até que a atividade esteja encerrada ou até que estejam no tempo do intervalo combinado.

Na primeira vez que fizerem isso, o ideal é propor intervalos para checar mensagens no celular, ir ao banheiro etc. Esses intervalos não devem ser maiores do que 5 minutos e devem ocorrer no mínimo depois de 30 minutos de total atenção ao filme ou *show*.

2. Finalize as tarefas: sem gerar estresse, incentive-o a terminar uma atividade antes de iniciar outra. Por exemplo, na mesa do café da manhã, nada de celular, livros ou mesmo terminar de se arrumar para a escola enquanto se alimenta. O grande desafio para os pais é ensinar o filho a se concentrar. Nada melhor do que começar pelas refeições.

3. Esvazie a memória de curto prazo: antes de ir para a cama dormir, faça com seu filho uma lista das atividades que ele terá a cumprir no dia seguinte. Deixe que ele acrescente tudo que considera atividade importante.

Esse é um truque simples, porém eficaz, para liberar espaço na memória de curto prazo. Serve de dica para você também, pai ou mãe, quando quiser se concentrar no trabalho. Pode, e deve, ser usado antes de atividades que dão prazer. Peça que ele faça a lista também antes de se desligar para assistir ao *show* ou filme.

De manhã, ele deve fazer a lista das matérias a estudar, dos compromissos do dia seguinte e de tudo o que lembrar, antes de iniciar o dever de casa.

Dessa forma terá a memória de curto prazo plena de espaço para fazer as combinações e as misturas necessárias para que suas atividades escolares — seja a lição, seja o estudo para uma prova — rendam de maneira a não gerar cansaço nem falta de concentração.

4

FATOS E PROCEDIMENTOS ARMAZENADOS NA MEMÓRIA DE LONGO PRAZO

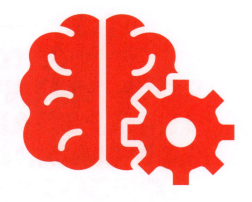

Como comentamos nos capítulos anteriores, para seu filho resolver um problema, entender um texto, aplicar uma fórmula, enfim, raciocinar, ele precisa que três fatores estejam presentes:

1. Informações adequadas disponíveis no ambiente;

2. Espaço na memória operacional;

3. Fatos e procedimentos armazenados na memória de longo prazo.

Vamos entender agora a memória de longo prazo e o papel fundamental que você desempenha nesse momento.

Dos três fatores que compõem a operação cujo resultado é a compreensão ou o aprendizado de um novo conteúdo, este é o que mais depende de você, pai/mãe/responsável: a memória de longo prazo.

A memória de longo prazo é um "almoxarifado" onde armazenamos o conhecimento que temos do mundo. Lá está a informação de que cachorros possuem pelos, sorvete é gelado, o Sol é amarelo. Esse é o chamado conhecimento factual.

O conhecimento factual pode também ser abstrato. Por exemplo, lá está a informação de que triângulos são figuras fechadas com três lados, água de cachoeira é gelada, a Terra é redonda.

Todas as informações da memória de longo prazo ficam em nosso inconsciente. Elas estão lá quietinhas, até que precisemos delas. Nesse momento, elas vão para a memória operacional para que possam ser utilizadas na composição que gerará novos conhecimentos.

Por exemplo, se eu perguntar agora quais são as cores de um urso-panda, imediatamente você responderá: preto e branco. Até esse momento essa informação estava guardadinha em sua memória e você não tinha a menor consciência disso.

Além do conhecimento factual, nossa memória de longo prazo armazena o que os cientistas chamam de conhecimento procedimental.

O conhecimento procedimental envolve os processos mentais necessários para executar uma atividade. Uma vez armazenados em sua memória de longo prazo, mesmo que você não tenha consciência deles, eles ficarão lá até que sejam necessários.

Isso explica a surpresa que muitas pessoas têm quando, após décadas sem andar de bicicleta, descobrem, ao subir em uma, que ainda sabem como fazer isso!

Para ser didática e ajudar na compreensão, imagine que o conhecimento factual seja algum ingrediente que você precisa para fazer um bolo. O conhecimento procedimental é a receita – o quê, como e quando misturar os ingredientes.

Para qualquer novo aprendizado, nosso cérebro procura referência em nossa memória de longo prazo, para que possa fazer as combinações necessárias junto com a nova informação (no caso do aluno, o conteúdo que está sendo ensinado na escola) e gerar um novo conhecimento.

Aqui entra então seu papel como pai, mãe ou responsável: quanto mais conhecimento factual e conhecimento procedimental seu filho tiver na memória de longo prazo, mais motivado ele ficará para o aprendizado e menos esforço será necessário para que ele compreenda os novos conteúdos que estão sendo ensinados na escola.

O conhecimento factual é desenvolvido a partir de experiências de exposição a diferentes ambientes e realidades. Passeios no parque, na praia, na casa da avó, no supermercado, em seu trabalho; todas as novas experiências, desde que discutidas, exploradas, serão transformadas em conhecimento factual.

O conhecimento procedimental – ah, esse sim o grande desafio para vocês pais – é desenvolvido a partir de atividades executadas por seu filho. Sinto informar que haveria grandes chances de seu filho não ter dificuldade com conteúdo de matemática (ou outra matéria) se você o tivesse ensinado a arrumar a própria cama; a lavar a louça que usou no café da manhã ou no almoço; a guardar os brinquedos que espalhou com o amiguinho. Todas essas atividades requerem um procedimento para serem executadas. Ter alguém que faça isso para seu filho em 100% do tempo não vai ajudar. Ao contrário, deixará um enorme espaço que estará vazio quando ele precisar buscar ali informações em que se basear para combinar com outras disponíveis no ambiente para gerar um novo conhecimento.

A boa notícia é que nunca é tarde. Nosso cérebro tem capacidade de aprendizagem infinita e constante enquanto vivermos.

Que tal mudar alguns hábitos em casa para poder ver seu filho mudar a relação dele com o estudo e com a escola?

5

VAMOS POR PARTES!

Quantas vezes você deve ter ouvido pessoas dizendo que as crianças e os adolescentes de hoje são diferentes de nós, pais, porque conseguem fazer várias coisas ao mesmo tempo? E, ao olhar o dia a dia de seus filhos tão dependentes da tecnologia, você vai confirmando que isso é uma verdade.

O que temos de novidade para você quanto a essa afirmação? Ela é puro MITO!

O fato é que o cérebro de nossos filhos é igual ao nosso. Embora as crianças e os adolescentes de hoje em dia tenham acesso a informações e recursos que nós não tivemos, o tamanho e as funções de seu cérebro ainda são os mesmos que o de nossos avós.

De fato, há impactos enormes do uso da tecnologia nos hábitos e nas reações do cérebro de um adolescente que já cresceu conectado, mas não nas funções. Em outro capítulo, falaremos também sobre os impactos que causaram algum tipo de mudança nas reações do cérebro.

O que realmente impacta nossas crianças é a pressão por estar conectado, o medo do que está perdendo quando não está *online*. Existem psicólogos especializados em tratar esse mal, e até uma sigla em inglês para identificá-lo: FOMO (*Fear of Missing Out* — em tradução livre: o medo de ficar de fora).

Não, o cérebro de nossos filhos não se transformou em multitarefa, como nossos celulares e computadores. Esses equipamentos podem processar várias informações simultaneamente. Nosso cérebro não.

Cuidado: se você tentar explicar essa descoberta e achar que isso basta para que seus filhos se concentrem nos estudos, o máximo que vai conseguir é perder em segundos a atenção de seu filho à sua explicação.

Mais do que entender isso teoricamente, seu filho precisa, na prática, fazer o processo inverso ao que fizemos: nós, adultos, tivemos que aprender a usar o celular, o computador, as mídias sociais, entender Whatsapp, Instagram, Facebook, AppleTV, Netflix – enfim, enfrentar o desafio de entender como estar conectado com o mundo.

Mas quem ensinou seu filho a se desconectar para se concentrar em uma atividade? Aposto tudo o que tenho na bolsa agora que seu filho já ensinou a você alguma coisa sobre essas redes sociais ou sobre os milhares de botões do controle remoto de sua TV.

Eu pergunto: você ensinou a ele como se desconectar? Sim, essa tarefa é sua. E não poderá ser feita com discurso. Somente você pode ensinar seu filho a se concentrar, para que ele possa ter uma melhor relação com os estudos.

Os Capítulos 2, 3 e 4, sobre o funcionamento do cérebro, apresentam fundamentos que podem ajudar você a entender melhor esta simples afirmação: executar várias atividades simultaneamente requer o uso de mais espaço na memória operacional. Simples assim! Isso explica por que seu fillho, que passou horas no quarto com o material de escola sobre a mesa e dormiu exausto de tanto estudar, foi tão mal na prova. Talvez ele tenha mesmo ficado exaurido. Não foi o estudo em si que o cansou, mas sim o enorme esforço para tentar raciocinar sobre o que aprendeu enquanto era bombardeado por informações nas redes sociais, na TV, nos *games*.

Algumas dicas são:

1. Explique para seu filho que o cérebro dele é como um holofote: ilumina um só ponto de cada vez.

2. Ajude-o a se preparar para o momento de estudo: relaxar e focar a atenção na atividade que tem a fazer é a maneira de obter melhor resultado – ele conseguirá terminar em menos tempo e com maior compreensão e retenção do conteúdo que estudou. Ter uma rotina em relação a que momento vai fazer a tarefa ajuda imensamente. Sempre após o lanche da tarde, antes do jantar, assim que chegar da escola, logo depois do café da manhã... o importante é que seja em um momento/horário preestabelecido e torne-se uma rotina.

3. Desligue os dispositivos: vai começar a fazer a tarefa ou estudar para a prova? A regra é a mesma do cinema: celular e TV desligados. Nesse caso não vale somente colocar no silencioso. O simples som do vibracall basta para acionar o FOMO (o medo de ficar de fora) – e lá se foi a concentração!

4. Determine pausas: terminada uma tarefa ou uma série de estudos, hora do intervalo para checar as mensagens no celular.

5. Estabeleça confiança: se assistir a um vídeo no YouTube ou acessar um *site* é parte da tarefa, o computador ou o celular deve ser usado e depois desligado novamente. Você deve demonstrar que acredita que ele saberá fazer isso e colocar como desafio esse comprometimento.

6. Seja paciente: toda a tecnologia disponível e a grande necessidade de gerar grandes números de acesso por parte dos desenvolvedores de conteúdo estão contra você nesse desafio, mas você tem o contato direto e diário com seu filho aí, certo? Só perderá essa batalha quem não lutar!

7. Não exija mais do que seu filho pode dar: não deixe que esse desafio se transforme em uma batalha. Lembre-se de que sua luta não é para distanciá-lo da tecnologia. Seu foco nem é a tecnologia! É ajudar seu filho a desenvolver estratégias de concentração. Lembre-se de que idades diferentes vão requerer estratégias diferenciadas. Uma criança de seis anos não consegue se concentrar em uma mesma tarefa por mais de 15 minutos. Já um adolescente pode focar por até 50 minutos em uma mesma atividade, com intervalos de 2 minutos.

8. Estabeleça regras: o celular pode roubar valiosíssimos momentos de relaxamento para o cérebro durante a noite. Que tal criar a rotina de todos os celulares serem carregados durante a noite, na sala, por exemplo?

6

QUE CHATO!
(Para crianças.)

Se você tem filhos, certamente já ouviu esta exclamação: "ai, que chato isso!".

Caso seja professor, nem processa mais o número de vezes que ouve essas palavras todos os dias.

Que tal entender o que isso significa e o porquê de essa exclamação aparecer com maior frequência conforme as crianças se tornam adolescentes? E, melhor ainda, encontrar maneiras de ouvir mais "uau, nossa, que demais!" ao invés de reclamações ou feições de tédio?

Os estudos sobre o funcionamento do cérebro também já encontraram a base para o quanto nossos filhos têm sentido a escola, ou melhor, a sala de aula e os momentos de estudo em casa, como um tédio.

Há ações que podem e devem ser tomadas na escola, por parte da equipe pedagógica, mas nosso foco aqui é auxiliar pais ou responsáveis enquanto incentivadores do estudo em casa.

O cérebro entra no "modo chato" quando não encontra referência alguma na memória para ajudar a entender o que está sendo apresentado, o totalmente novo.

O que se pode fazer em relação a isso?

Caso tenha filhos ainda pequenos, você pode evitar que isso aconteça no futuro ajudando-o a criar o maior número possível de referências para serem armazenadas na memória de longo prazo.

Para fazer isso, você tem que garantir que seu filho seja exposto a um maior número possível de experiências e recursos visuais e auditivos e, principalmente, manipulação, conversas, questionamentos e conclusões.

Um passeio na praça do bairro ou visitas a museus e exposições (muitas são totalmente gratuitas) geram registros valiosos na memória. A ideia é conhecer lugares diferentes da realidade do dia a dia. Se você mora em uma região mais afastada ou com características de zona rural, leve seu filho para conhecer locais mais urbanizados. Caso resida em uma metrópole, passeios em parques, fazendas, cidades menores terão papel de alto impacto na aprendizagem.

As brincadeiras têm também papel fundamental na formação da memória de longo prazo. Quebra-cabeças, jogos da memória e a retomada de brincadeiras sem final, sem objetivo definido de acerto ou erro, são ferramentas imbatíveis para gerar gosto pela aprendizagem.

Você sabe do que seu filho gosta de brincar? Quantas vezes por semana você reserva uns minutos do dia para brincar com ele? Cada cultura carrega uma concepção do brincar da criança. O contexto cultural em que vivemos hoje, em que tempo é dinheiro e que a tendência é materializar tudo, também se reflete no modo como os pais encaram as brincadeiras dos filhos. Buscar um propósito e uma meta em cada brincadeira é muito comum. E muitas vezes acabamos nos esquecendo das brincadeiras de faz de conta, que não têm final nem um ponto de chegada. O percurso dessas brincadeiras são experiências supervaliosas que a criança pode viver. Brincadeiras sem final, sem objetivo determinado, estão sendo esquecidas e são as que mais disparam gatilhos de memórias que ficarão para sempre armazenadas, gerando referências no futuro escolar da criança.

Exemplos dessas brincadeiras são: montar barraca no quintal ou dentro de algum cômodo da casa; brincar de casinha, de médico, de restaurante, de loja; simular um ambiente que pareça atraente para a criança – mas atenção para dois pontos fundamentais:

1. A criança deve montar o ambiente. Você pode – e até deve – participar, mas não vale montar todo o ambiente e depois reclamar que só serviu para bagunçar a casa, porque, quando ficou pronto, ela nem queria mais brincar. A brincadeira aqui é exatamente a montagem, a busca por objetos, a definição sobre o que será colocado em que lugar.

2. Mesmo que a criança tenha a companhia de irmãos, primos ou amigos para brincar, é fundamental você brincar junto, mesmo que em alguns momentos somente.

Você não pode estabelecer quando está pronto ou o que falta. Pode questionar e incentivar a imaginação para que a criança faça uso de mais objetos para fins diferentes daqueles para os quais foram concebidos. Por exemplo, livros podem formar bancos. É uma ótima maneira de passar a mensagem subliminar de que livros são divertidos. Envolver objetos que podem parecer "chatos" nesse momento de brincar é a melhor maneira de mudar o conceito que a criança tem deles. Mesmo alimentos dos quais a criança não gosta podem fazer parte do cenário, de forma que a relação dela com eles seja mudada de forma sutil. Frutas e legumes podem compor a brincadeira, de preferência aqueles que a criança rejeita. Brincadeiras durante o banho devem ser incentivadas. Tire um tempo maior para esse momento. Deixe que ele se encante com as descobertas, que leve objetos e brinquedos para o banho.

Durante as atividades em que ele tem que acompanhar você e que considera "chatas", inicie diálogos que o envolvam na atividade. Perguntas são excelentes ferramentas. Por exemplo, no supermercado, pergunte: "o que será isso? Onde estará aquele produto X que procuramos? Não tem azeite. O que será que eu posso levar no lugar dele?". Na fila da quitanda, faça perguntas. Deixe o celular no carro. Aproveite e transforme cada atividade em uma aventura de descobertas!

O importante é quebrar a rotina e gerar memórias variadas. Durante esses momentos a memória de longo prazo será abastecida de recursos que se tornarão a fonte de conexão com a teoria que em algum momento futuro a criança terá que estudar. Toda a informação será transformada e seu filho poderá assim encontrar conexão em sua memória. Lá se foi a sensação de "chato" gerada por falta de base para estabelecer paralelos! Lá se foi a preguiça!

7

QUE CHATO!
(Para adolescentes.)

Se você tem filhos adolescentes, já deve ter percebido que para eles é quase um prazer achar que qualquer assunto proposto por um adulto é "chato".

Talvez essa seja a palavra que mais se encaixa nas diversas situações vividas por adolescentes, entre elas, estudar.

Grande parte disso deve-se sim ao fato de o cérebro do adolescente estar em transformação e a diversos aspectos psicológicos dessa fase da vida.

Muito do que se tem disponível sobre como lidar com essa fase da vida propõe maneiras de combater as forças da adolescência. Como adultos, geralmente olhamos para a adolescência como um período de confrontos e brigas. Esse tipo de pensamento e atitude, porém, é contraproducente e acaba por dificultar mais a convivência e minar possibilidades de suporte que podemos dar a nossos filhos.

Desta vez, traremos estratégias para que pais, mães e adultos responsáveis se tornem aliados de seus filhos adolescentes e para ajudá-los no envolvimento com os estudos. São atitudes simples, porém não tão fáceis de serem colocadas em prática, já que vão requerer, na maioria dos casos, uma mudança de hábito por parte dos pais. A consequência é a mudança na relação com e nas atitudes do adolescente perante a família e, em consequência e de forma inconsciente, perante os estudos.

As estratégias são:

1. Pergunte como ele está: mesmo que a resposta não seja diretamente relacionada à sua pergunta, ela será esclarecedora. Por exemplo, a resposta pode ser: "ai, que chato. Por que você está perguntando isso?". Pronto, você já sabe que ele está estressado e desconfiado!

Pergunte então se ele está com muita tarefa, o que pretende fazer no período da tarde, se precisa de ajuda com os conteúdos que tem de estudar. Mesmo que as respostas sejam curtas, persista dia após dia. Não insista em tentar obter longos discursos, mas persista em criar o hábito de dividir sentimentos.

O foco nesse caso não é exatamente o conteúdo da resposta, mas sim criar ou reforçar uma conexão com o adolescente no campo de relacionamento. Essa é a melhor maneira de melhorar o nível de envolvimento dele com as pessoas e as atividades de casa e com os estudos. Quando um adolescente sente que há, por parte dos pais, interesse, respeito e que está sendo ouvido, ele começa a desenvolver a vontade de ouvir os pais também. Na adolescência, a relação é o centro de todos os outros acontecimentos.

2. Torne-os o foco: adolescentes estão aprendendo novas formas de pensamento e relacionamento. Uma característica dessa fase de desenvolvimento é que eles são muito focados em si próprios. Isso leva a comportamentos que podem ser descritos como egocêntricos — tudo o que acontece ao redor é analisado a partir do ponto de vista dele, o que o leva a sentir-se o centro de todos os fatos, sejam eles positivos ou negativos. Isso não descreve sua personalidade. É somente uma fase, fundamental para que ele se torne um adulto.

Assim, se você quer que ele pense ou compreenda outras ideias ou outras pessoas, isso acontecerá quando você conseguir conectar o assunto com um impacto na vida de adolescente dele. A maneira mais simples de fazer isso é, em vez de repreendê-lo ou fazer um longo sermão sobre um assunto ou um problema que tenha ocorrido, perguntar qual a opinião dele sobre como os fatos aconteceram e como poderiam ser diferentes. Mesmo em uma situação comum, como um almoço em família no domingo (em que geralmente o adolescente fica fechado e isolado), pergunte a opinião dele, durante a semana, sobre o que servir, quem convidar e outros detalhes. Pronto, ele — inconscientemente — terá a sensação de ser parte importante no evento e seu envolvimento será pleno.

3. Deixe que ele ensine você: nós, adultos, geralmente nos sentimos ameaçados por não dominarmos tanto novas tecnologias como nossos filhos. Adolescentes navegam tranquilamente entre diversos equipamentos e assuntos relacionados a tecnologia e temas contemporâneos de seu interesse, como *games*, cinema, quadrinhos. Muitas vezes esses assuntos nem chegam a ser de interesse algum para os pais.

Ao invés de sentir-se ameaçado ou intimidado, evitando conversar sobre esses assuntos com seu filho, aproveite as diferenças para aproximar-se dele. A única coisa que o adolescente gosta mais do que mostrar que sabe de um assunto é mostrar que ele sabe algo que seus pais não sabem. Deixar que ele seja, declaradamente, o *expert* da casa em determinado assunto é uma excelente maneira para aproximar-se dele e conseguir que a participação em família seja maior. É uma ótima forma de autoafirmação dentro de casa. Isso vai evitar que ele procure fora alguma maneira de sentir-se importante.

4. Use cultura: por meio da cultura *pop* e da identificação com músicas, estilos de moda, celebridades, os adolescentes exploram e expressam sua identidade. A cultura funciona como uma moeda relacional entre grupos de amigos adolescentes. Eventos e símbolos culturais são a principal fonte de conversas e identificação dentro dos grupos de amigos.

Falar sobre os mais recentes lançamentos no cinema ou na música pode ser fonte de longos períodos de envolvimento.

Se você quer a atenção de seu filho adolescente, nada melhor do que começar uma conversa perguntando (lembra que eles gostam de ser os *"expert"* da casa?) sobre uma noticia que ouviu envolvendo um cantor, um ator ou uma música de interesse dele. Você não deve emitir uma opinião sobre isso e sim pedir ajuda para entender ou fazer um comentário até sem compromisso, do tipo: "não é amanhã que começa o filme X nos cinemas?". Deixe que a opinião, mesmo que negativa, venha de seu filho. A partir daí, a ponte para outros assuntos está construída e a atenção dele garantida.

5. Faça algo que envolva movimento: devido aos processos de desenvolvimento característicos da adolescência, principalmente a velocidade do desenvolvimento do cérebro nessa fase da vida, o sucesso no envolvimento de adolescentes em qualquer tipo de atividade ou conversa será maior e mais duradouro se ocorrer de maneira ativa.

Em vez de tentar ter uma conversa séria, sentado no sofá da sala, pense em uma maneira de fazer junto com ele uma atividade que exija movimentação. Mesmo uma caminhada já é o suficiente para que o adolescente converse de maneira mais desenvolta. Não precisa ser nada radical, como a prática de um esporte. Qualquer coisa que requeira movimento basta. Pode até envolver somente o uso das mãos. Por exemplo, peça a ele que ajude com a louça da pia ou da mesa que precisa ser posta e converse enquanto ele faz isso. Perceba como ele falará, sem perceber, de maneira mais aberta e sem constrangimento.

Usar mais de um sentido simultaneamente ajuda o adolescente a se comunicar. Isso explica o porquê da TV e do rádio ligados ao mesmo tempo!

6. Dê opções para que ele decida: uma das funções da adolescência é desenvolver o senso de individualidade. É nessa fase que ele aprende a olhar para si mesmo como uma pessoa independente, capaz de tomar as próprias decisões. Essa é a razão do prazer em fazer exatamente o contrário ou ignorar o que foi solicitado pelos pais. É contra a natureza do adolescente fazer exatamente o que os pais – ou outro adulto – pediram que fizesse. Adolescentes querem tomar as próprias decisões e sentir que têm controle sobre suas escolhas.

Nem sempre isso é possível ou mesmo recomendável, mas pode ser usado a seu favor, para o bem de seu filho.

Em vez de pedir ou mandar que faça alguma coisa de determinada maneira, dê a seu filho adolescente uma série de opções. Por exemplo, ao invés de ordenar: "vá fazer sua lição!" você pode perguntar: "você vai fazer a tarefa ou ler o livro agora? Você prefere arrumar a mesa para o jantar ou estudar para a prova enquanto eu arrumo?".

Deixe que ele escolha a atividade e a forma como vai desenvolvê-la. Isso dará a sensação de que está decidindo sobre o que e como fazer, em vez de demonstrar garras para defender a independência que deseja ter. Sentir que tem o poder de decidir dará a ele mais espaço para se comprometer e ficar envolvido na tarefa ou na atividade que escolher executar.

7. Desafie seu filho: adolescentes adoram desafios. Dê a ele a oportunidade de competir contra um adulto, com grandes chances de vencer, e verá que ele ficará muito focado na atividade, seja ela qual for. Nesse caso, ao contrário do que ocorre com uma criança, o desafio precisa ser real. E o segredo para que ele se envolva é ter a certeza de que tem alguma chance de vencer.

O prêmio é um elemento fundamental para motivar, mas não precisa nem deve ter valor monetário. Pense em coisas que dão prazer para seu filho e terá a recompensa perfeita: dormir até mais tarde, cinema em um dia de semana... enfim, algo que seja de interesse dele.

8. Tecnologia não é o foco: Para nós, pais, que não nascemos na era digital, essa dica pode ser meio chocante, mas será também uma das que mais produzirão resultados, trazendo mais paz para dentro de casa, já que o uso de tecnologia representa o grande foco de discussões e discórdias dentro de lares com filhos nos dias atuais.

Para os pais, a tecnologia é um assunto à parte, uma opção, algo que pode ser utilizado em alguns momentos e deixado de lado em outros. Para nossos filhos isso não é realidade. A tecnologia é parte integrante da vida deles. Não é um assunto que possa ser discutido de forma separada de outros. Nossos filhos nasceram e cresceram cercados pela tecnologia. Ela é tão parte da vida deles quanto o alimento que comem. Ninguém para e pensa: "será que hoje vou comer? Talvez não, deixarei para amanhã". Se você começa uma conversa questionando o uso da tecnologia ou o quanto esse uso está prejudicando o desempenho em algumas áreas da vida do adolescente, sinto informar que você já perdeu a discussão. Aliás, vai discutir sozinho, pois já perdeu a atenção de seu filho no início da conversa.

O caminho mais produtivo é exatamente o inverso: pergunte por que ele não está usando toda a tecnologia que tem disponível para ajudar a resolver problemas que tenha nos estudos ou na vida pessoal.

Nunca discuta a tecnologia. Ela não é o problema. Você pode ver ela dessa forma, mas de fato o problema é o que seu filho está deixando de fazer. Mantenha o foco na questão que deseja que ele entenda: se ele está com notas ruins na escola, não é porque passa muito tempo navegando na internet. A razão das notas baixas é a falta de estudo daquela matéria. Esse então é o foco da conversa. Assim você não perderá a atenção de seu filho. Discuta possibilidades para que ele estude o que precisa ser aprendido. Enormes são as chances de que uma aula disponível em sites focados para esse fim seja a solução para que ele compreenda aquele conteúdo – ou seja, a tecnologia pode ser a solução.

Nunca, jamais, questione o uso da tecnologia com seu filho adolescente. Se ele não conversa mais com irmãos ou pais porque passa muito tempo conectado em redes sociais, o problema não é a rede social. É a falta de envolvimento, convivência e relacionamento com a família.

Quer tirar a prova? Imagine que você confisque o celular ou o computador dele. O que acontece? Ele passa o tempo todo fechado no quarto, faz as refeições no tempo mais curto possível e em silêncio – ou seja, o comportamento que precisa mudar permanece. O problema real é o desenvolvimento de canais de comunicação com seu filho adolescente. Há diversas formas de resolver isso. Foco total no problema que precisa ser resolvido!

9. Seja você mesmo: há um mito que foi estabelecido há muito tempo e que, embora não faça sentido algum, continua a assombrar a vida de muitos pais: você não tem que ser ou parecer "legal", parte da turma, modernão, para se relacionar bem com seu filho. Você só tem que ser autêntico. Não tente ser o que não é para agradar ou tentar se aproximar. O máximo que vai conseguir é perder credibilidade e respeito.

Conseguir um alto envolvimento com adolescentes requer muita autenticidade. Ser quem você realmente é. Defender o que acredita. Mas sabendo que há outros pontos de vista e estar aberto a ouvi-los, entendendo que há maneiras de se estar certo, mesmo que acreditando em caminhos diferentes. O segredo é respeitar que ele seja diferente de você e, assim, tenha opiniões divergentes das suas.

8

CAVUCANDO A MEMÓRIA

Em capítulos anteriores, falamos sobre como ajudar seu filho a criar memórias que poderão ser acessadas nos momentos de aprendizagem. Agora temos dicas de como despertar nele o hábito de buscar e explorar melhor as memórias que ficarão armazenadas no cérebro, visto que elas se tornam um componente indispensável para desenvolver novos conhecimentos e garantir que estes se tornem também memórias que alimentarão um círculo virtuoso de aprendizagem.

1. Contar histórias: eis um tema que nunca gerou controvérsias sobre seus benefícios, mas que tem sido relegado a um segundo plano.

Com a correria do dia a dia e a grande exigência do tempo dos pais pela dedicação ao trabalho, a contação de histórias acabou ficando para quando e "se" houver tempo. Eis uma das causas da dificuldade das crianças em prestar atenção na aula, em focar na hora de fazer os deveres de casa ou estudar algum conteúdo.

Mesmo questões de ordem emocional têm sido negativamente afetadas pela falta que todo o processo de contar e ouvir histórias tem em nossas vidas. Em muitos casos essa tarefa tem sido terceirizada para *tablet*, celular ou TV. A boa notícia é que você não precisa eliminar esses recursos tecnológicos da vida da criança. A má notícia é que ouvir uma pessoa contando história – podendo interromper, questionar, sentir a segurança nos momentos de tensão e criar na imaginação o rosto de cada personagem, o desenho de cada paisagem, a imagem de cada cenário – é totalmente diferente de receber isso pronto e passivamente assistir a um filme ou uma animação.

2. Ouvir histórias: sim, ouvir. Pedir e deixar que seu filho conte a própria versão das histórias a que já assistiu ou ouviu é um dos mais ricos processos que você pode permitir a ele experimentar. Ouvir atentamente. Questionar. Demonstrar emoções de medo, alegria, tristeza, dúvida são os maiores incentivos para que ele continue. Não repreender nem demonstrar sustos por palavras usadas por ele nesses momentos é fundamental. Pedir que explique novamente uma parte que você não entendeu. Fingir que não entendeu é rico, pois dá a ele a chance de comprovar que você está prestando atenção e de exercitar diferentes formas de se comunicar. Pedir que conte a mesma história dias depois também é uma excelente forma de perceber o que o incomoda no dia a dia. Os pontos em que ele der destaque serão pistas para entender seu comportamento.

3. Perguntar: faça muitas perguntas ao seu filho em relação ao mundo que o cerca. Sempre use perguntas do tipo: quem, quando, onde, como. Por exemplo, quando estiver ajudando a calçar seus tênis, pergunte: "por que usamos tênis?". Quando ele for beber água, pergunte: "quem colocou a água aqui na garrafa ou no filtro?".

4. Associar momento e conhecimento: relacionar o que está acontecendo no momento e o conhecimento que a criança já possui é muito importante. Por exemplo: "lembra quando o papai estava assistindo ao futebol na TV ontem? Como é que o jogador faz gol?".

5. Incentivar o desenvolvimento do raciocínio: faça mais perguntas que gerem a necessidade de autoquestionamento por parte de seu filho. Por exemplo: "se fosse você, o que teria feito para não cair, como o Bob Esponja caiu naquela hora no desenho?".

6. Usar afirmações positivas: sempre dê retorno positivo: "muito bem! Que lindo! Isso foi muito bom! Uau, você arrasou agora com essa explicação/postura/atitude!".

APROVEITE O TEMPO EM FAMÍLIA

Diversas vezes nos deparamos com situações em que pessoas de idades variadas reclamam da falta de tempo. Nossa relação com o tempo é um tanto quanto paradoxal. Podemos vê-lo como um recurso inesgotável, não importa como o consumamos. Inesgotável no sentido de que, ao acordarmos no dia seguinte, lá estão novamente as 24 horas de um dia a nosso dispor.

Olhando pelo lado humano, no entanto, o tempo é um recurso finito. Terminará para mim e para você um dia. Terminará para cada um de nós em algum momento.

Independentemente do destino final de cada um de nós, o recurso tempo é finito principalmente em relação à convivência e com nossos filhos e à influência que exercemos sobre eles. Por mais corrido que seja seu dia, por mais estressante que seja sua rotina, o tempo de convivência com seus filhos é o grande trunfo que você tem para ajudá-los a melhorar a relação que têm com os estudos e o desempenho na escola.

Aproveitar melhor as horas que você passa com seus filhos é um dos maiores segredos e melhores presentes que você pode dar a eles. É um hábito que precisa de treino para ser adquirido. Uma vez assimilado como parte da rotina, passa a dar prazer a quem o doa (você, pais/responsáveis) e a quem o recebe (seus filhos).

Então vamos a algumas dicas que passam longe do tradicional e cansativo discurso: "vá estudar, menino", "saia desse celular um pouco" ou "preste atenção no que eu estou falando para o seu bem" e estão bem mais próximas do "juntos vamos mais longe".

VALORIZE O TEMPO

1. Comece por inserir em sua agenda, como compromisso mesmo, pelo menos uma vez por semana, algumas horas para se dedicar totalmente a seu filho. Durante esse tempo reservado na agenda, o foco deverá ser totalmente voltado para dar a ele atenção e descobrir novas maneiras de se conectar com ele.

2. Use o tempo que tem dentro do carro, pode ser curto ou longo, para conversar com seus filhos. Não deixe que o telefone ou qualquer equipamento eletrônico roube de vocês esse precioso tempo juntos. Aproveite como vantagem o fato de que ninguém pode simplesmente se levantar e deixar o ambiente. Seus filhos perceberão que têm seus ouvidos dedicados a eles.

3. Planeje para que tenham ao menos uma refeição juntos, como família, a cada dia. Se não for possível diariamente, ao menos duas vezes por semana.

4. Pense em atividades que possam fazer juntos, em família. Reúna opções e deixe que a decisão seja a da maioria, mas certifique-se de que todas as opções apresentadas sejam de atividades ou jogos que não podem ser executados individualmente.

5. Crie, escreva ou imprima e recorte ingressos para TV. A cada semana, cada filho recebe vinte ingressos. Cada ingresso vale para 30 minutos de TV. Cada ingresso que sobrar ao final de uma semana pode ser trocado por R$ 0,50 (cinquenta centavos). Você pode aumentar um pouco o valor por ingresso devolvido, caso o desafio de afastar um pouco seu filho da TV seja grande. Dentro de poucas semanas ele terá criado outros hábitos para preencher o tempo, deixando a TV somente como uma das opções de entretenimento.

LEIA PARA SEUS FILHOS

1. Se em sua casa as crianças têm hora para ir para a cama, escolha um dia da semana, de preferência sexta-feira ou sábado, para esticar esse horário ou até mesmo liberar, desde que parte desse tempo extra seja usado para leitura.

2. Ajude e incentive seu filho a começar sua biblioteca particular. Junto com ele, decida e monte sua estante ou cantinho, o qual vocês podem batizar como Biblioteca do (nome do seu filho). Caso ele tenha livros que já leu e que possam ser substituído por novos títulos, sugira que procure amigos com quem possa trocar alguns exemplares. Descubra ao menos um sebo de livros mais próximo e torne a visita a esse local um passeio frequente.

3. Quer que seu filho aprecie a leitura? Um excelente ponto de partida é ele ver você lendo.

4. Planeje, e torne prática na casa, o momento da leitura. Comece com períodos mais curtos, mas seja coerente e inflexível em relação à proposta para esse momento: todos da família devem estar sentados lendo.

5. Se você tem filhos ainda não alfabetizados, leia para eles durante o banho. Deixe que associem o prazer do banho ao prazer da leitura, por meio de sua voz.

6. Para saber se um livro está adequado para a idade de seu filho, use uma regrinha simples chamada "regra do dedo polegar". Funciona assim: você aguarda enquanto seu filho lê a primeira página de um livro. Para cada palavra que ele não souber o significado, ele levanta um dedo da mão, simulando uma contagem de 1 a 5, começando pelo dedo mindinho. Se ele chegar a levantar o dedo polegar antes de terminar a primeira página, o livro certamente estará em um nível acima da idade ou maturidade dele. Caso seu filho esteja empolgado com a história mesmo assim, você tem a opção de ler para ele.

10

EXERCENDO A FUNÇÃO DE RESPONSÁVEL

Não há problema algum se você é amigo do seu filho. O fundamental é que você saiba que é você, e ninguém mais, o responsável pelo desenvolvimento psicológico saudável dele e também por ajudá-lo a construir sua personalidade e, principalmente, os hábitos que o guiarão por toda a vida.

Em muitos momentos você terá que assumir o papel de pai/mãe, responsável pela saúde e bem-estar físico e psicológico desse ser cuja educação está em suas mãos.

Por mais que possa ser dolorido o momento em que seu filho não compreende ou preferiria fazer outra coisa ou de alguma outra forma, caberá a você contrariá-lo, se isso for preciso.

Aí vão algumas dicas relativas à construção de personalidade e hábitos que são responsabilidade dos pais.

AUTOESTIMA

1. Incentive seu filho a fazer um "livro" sobre ele mesmo, com ilustrações e texto dele. Essa é uma maneira para que ele possa se ver como uma pessoa importante e para que você possa compreender que imagem ele tem de si próprio.

2. Sugira a ele que pesquise as raízes da família e dos antepassados. A melhor maneira de fazer isso é através de conversa com tios e avós durante as visitas de final de semana e férias. Para dar o início e despertar nele esse interesse, questione sobre alguma característica física ou de personalidade que seja diferente da dos pais e dos irmãos, de forma que ele busque informações com outros parentes na tentativa de encontrar o antepassado de quem herdou tal característica. Por exemplo, seu filho é mais alto do que todas as outras pessoas da casa. Sua filha é tímida, quando todos os outros irmãos e pais são bastante extrovertidos.

3. Sempre pense em maneiras de demonstrar a seu filho como ele é amado e quais são as características da personalidade dele que você mais valoriza. Nesse caso, não há limite de idade para seguir com essa dica. Ela é especialmente importante para adolescentes, casos em que geralmente os pais já não fazem tantos elogios. Há diversos registros de alunos de Ensino Médio que escreveram: "quando faço algo bem-feito, ninguém se lembra. Quando faço algo errado, ninguém esquece".

A partir de tal afirmação, que atitude você acha que esse adolescente repetirá quando precisar chamar a atenção dos pais ou estiver carente? Exatamente as negativas, que são as que produzem o efeito do "atrair a atenção de todos para ele".

4. Planeje algum tipo de comemoração, ainda que bem simples e discreta, para momentos em que recebe o boletim com bons resultados. Seja discreto e trate em particular, com seu filho, as notas do boletim quando forem baixas.

5. Ensine seu filho a tirar algum aprendizado de desafios, em vez de sofrer ou se torturar por conta deles. Essa aprendizagem começa com a observação de como você enfrenta e reage a problemas.

DISCIPLINA

1. Se você tem filhos que brigam constantemente, aproveite um momento de calmaria para propor que cada um, por um período determinado, explique por que ficou bravo. As regras são:

> **a.** De fato medir o tempo para cada um falar (1 minuto é o ideal);

> **b.** Não interromper, em hipótese alguma, quem está falando;

> **c.** Começar a fala com o motivo explicado pelo outro, de forma a confirmar que o ouviu.

Como vai acabar essa "brincadeira"? Com os dois morrendo de rir de si próprios. Quando eles têm que colocar, friamente, longe do momento da raiva, os fatos, eles próprios percebem que exageraram em suas reações e que o problema não era tão grande assim! A longo prazo, o resultado é que se tornam pessoas mais flexíveis e com maior respeito pelo sentimento do outro.

2. Se quer mais respeito à disciplina, aprenda a falar baixo e controlar o tom da voz. Se você conseguir controlar seu tom de voz mesmo em momentos de tensão, você ensinará seus filhos a lidar adequadamente com momentos difíceis. Se você não gritar com seus filhos, eles não gritarão um com o outro nem com você.

3. Escolha um espaço da casa para ser o compartimento oculto – pode ser um cômodo pequeno, uma gaveta ou um armário. Esse local deve ter chave ou a fechadura em uma altura que crianças não consigam alcançar. Tudo aquilo que deveria ter sido guardado, mas ficou pela casa porque seu filho se recusou a organizar, deve ser colocado no compartimento oculto por determinado tempo (1 a 2 dias – um tempo maior que esse vai gerar esquecimento e substituição do objeto).

Feito isso, nada de sermões ou discussões sobre o assunto. Depois do prazo que você determinou, simplesmente devolva o objeto ao seu local correto, onde deveria ter sido guardado por seu filho. Lembre-se de que ele pode também guardar algo seu no compartimento oculto, caso você tenha deixado fora do lugar por algum tempo. Respeite o direito dele para que ele compreenda a lição por trás dessa prática.

RESOLVENDO PROBLEMAS DA ESCOLA

1. Crie o hábito de olhar o material de escola de seu filho. Acompanhe seus deveres de casa e saiba que conteúdos ele deve estudar e revisar. Ajude nos estudos fazendo pequenos simulados com o conteúdo a ser estudado. Basta pegar esses conteúdos no próprio material de escola e transformar em questões as explicações disponíveis em livros e apostilas.

2. Faça visitas à escola periodicamente, mesmo em períodos em que não tenha sido chamado.

3. Transforme o boletim em uma experiência menos preocupante. Prepare a chegada do boletim perguntando a seu filho o que ele acha que vem como resultado do período, que matérias ele acha que terão as menores notas, quais serão as maiores. Se ele se prepara e tem a chance de preparar você, reduz a possibilidade de tentar esconder ou desprezar problemas que tenha tido durante o período. Com essa atitude, seu filho entende também a relação de causa e efeito sobre a qual ele tem total controle, mas que acaba se perdendo pelo tempo: o boletim não é algo que o professor ou a escola inventam sobre ele. O boletim é a foto, traduzida em letras ou números, dos resultados que ele obteve. Ou seja, ele tem sim o poder de editar essa foto no próximo período!

4. Tenha consciência de que suas atitudes e sentimentos sobre sua vida escolar e seus estudos afetam profundamente a relação de seu filho com a escola e os estudos dele. Portanto, se você, por exemplo, odiava uma matéria, não use a relação que você teve com os estudos para justificar o desempenho do seu filho.

11

PROFESSOR PARTICULAR. QUAL É O MELHOR MOMENTO?

Mais um dos eternos dilemas que os pais vivem ao longo dos anos dessa missão cheia de emoções que é educar um filho.

O assunto gera polêmica e dúvidas entre pais e no meio educacional.

Muitos *e-mails* e pedidos de ajuda que recebemos começam com o pai ou a mãe contando o caso do filho que parece precisar de ajuda extra e fazendo a seguinte afirmação, já meio sem esperança sobre os resultados: "eu pago até professor particular para ele ir toda semana e ele não melhora".

Durante o período de aula escutávamos os pais falando dessa "ajuda extra" como algo já integrado à rotina do filho. No começo de ano, contudo, começamos a receber dúvidas sobre quando contratar o professor particular.

Com o começo do ano, muitas crianças mudam de escola. Junto com a mudança, vêm diversas recomendações da nova escola, de familiares e amigos dos pais.

A dúvida mais comum no início de um ano letivo está relacionada à recomendação de um professor particular para começar desde as primeiras aulas, de forma que o filho acompanhe a nova turma, teoricamente, sem problemas. Seria realmente a situação ideal já começar o ano com um professor particular acompanhando seu filho?

Como mencionamos anteriormente, a autoestima e a confiança na própria capacidade pesam muito para um bom desempenho na escola. Para que seu filho acredite que ele é capaz, é fundamental que receba essa mensagem em casa. Ao contratar um professor particular antes mesmo de o ano letivo começar, você passa para seu filho a mensagem de que você já acha que ele não vai dar conta, ou seja, de que você acredita que ele não é capaz de enfrentar esse novo desafio. Como você acha que vai ser a resposta dele a essa mensagem? Se você pensa que seu filho vai se esforçar para mostrar que você está errado e que ele consegue se virar sozinho, você está enganado. Ao deixar subentendido que você não acredita nele, com ações desse tipo, você acaba convencendo-o de que ele não vai conseguir, mesmo antes de dar a ele a oportunidade de tentar.

Pior ainda: a mensagem que chega para ele é que não precisa nem se esforçar ao máximo para entender tudo na aula com a professora da escola, já que toda semana ele tem uma professora particular a seu dispor para ensinar tudo de novo.

Você só vai colaborar para que ele tenha uma autoestima mais baixa e dar carta branca para que ele não preste a atenção necessária na hora da aula.

E, se você acha que não pode piorar, ainda há mais uma má notícia: a contratação antecipada de um professor particular também tira de seu filho a responsabilidade de ao menos tentar, de colocar todo seu empenho para que ele seja bem-sucedido!

Nossa sugestão é: depois das primeiras provas dá para sentir como seu filho está se saindo. Em um segundo momento pode ser interessante colocar um professor particular só para a matéria que ele tiver mais dificuldade e por um prazo determinado.

O objetivo será tirar a diferença que pode ter ocorrido de uma escola para a outra, quando um conteúdo é ensinado. Depois ele tem que acompanhar sozinho. Caso contrário, novamente se acomoda por saber que não precisa entender tudo na sala de aula nem estudar tudo em casa, porque o professor particular sempre vai estar lá.

Outra ideia é você falar para seu filho que acredita e confia que ele consegue acompanhar e que estará pronto a pensar junto com ele em opções, caso ele sinta que está difícil demais para enfrentar sozinho. Isso vai fazer toda a diferença também para ele se dedicar.

Existem estudos sobre o funcionamento do cérebro que comprovam um enorme impacto positivo na aprendizagem pelo simples fato de adultos – pais ou professores – demonstrarem que acreditam que o aluno é capaz de aprender e vai se sair bem.

O simples fato de começar o ano letivo já tendo um professor particular contratado, mesmo que sua intenção como responsável seja a melhor possível, já transmite a mensagem de expectativa de fracasso.

Além de ajudar no desempenho dele, você vai colaborar para que ele cresça confiando em si próprio e com a consciência da responsabilidade que é dele: a de que precisa correr atrás de seus objetivos e se dedicar para conquistar o que quiser na vida.

12

A HORA DA LIÇÃO DE CASA

O momento da lição de casa é responsável por grande parte das tensões entre pais e filhos. Muitas vezes a tarefa é feita no final do dia, quando ambos já estão exaustos, o que acaba causando estresse em um momento que seria importante para a família relaxar e ter um tempo de qualidade juntos.

Além de toda tensão de pais mandando os filhos fazerem a lição e de filhos relutando para fazê-la, os próprios pais acabam ficando com dúvida de como agir nesse momento. Não sabem até que ponto devem ajudar, se podem cobrar, e de que maneira, além de não terem conhecimento de quais estratégias podem aplicar para ajudar a melhorar a relação dos filhos com o momento do estudo em casa.

Separamos algumas dicas práticas para ajudar nessa situação.

1. Proponha para seu filho o "desafio do relógio". Olhe a atividade que ele tem que fazer na lição e estime o tempo que levará para completá-la.

Acrescente alguns minutos para garantir que ele possa realizar tudo o que tem a ser feito e passe a ele o tempo que você imagina ser suficiente. O desafio é conseguir acabar a atividade, bem-feita, antes do tempo que você estipulou. Você pode usar um *timer* ou um despertador para tornar o desafio mais emocionante e não deve usar nenhum prêmio material quando ele conseguir completar a tempo. A simples sensação de ter vencido o relógio já basta para estimulá-lo. Depois de alguns dias, essa é uma brincadeira que ele pode fazer até sozinho durante a lição de casa.

2. Determine, junto com seu filho, um lugar fixo para ele fazer a lição. Um espaço em um cômodo tranquilo e iluminado é o ideal.

3. Além do espaço fixo, é importante determinar um períododo do dia para que a lição seja sempre feita no mesmo horário. Pode ser após um descanso depois da escola. Não deve ser momentos antes de dormir.

4. Ajude seu filho a se planejar para a lição. O ideal é come çar sempre pela matéria mais difícil ou pela matéria de que ele menos goste. Ajude-o também a reconhecer as prioridades e começar por elas: primeiro as atividades que tem que entregar no dia seguinte. Dessa forma, quando ele já estiver cansado, pode deixar para depois as atividades que considera mais fáceis ou que serão entregues nos dias subsequentes.

5. Dê sempre o exemplo. Reserve um tempo para ler, terminar um documento do trabalho ou estudar enquanto seu filho faz a lição.

6. Peça a seu filho que ensine para você o conteúdo que ele praticou durante o dever de casa. Quem ensina sempre aprende melhor.

7. Sempre acompanhe a lição de seu filho. Quanto mais cedo você começar a acompanhar as lições dele, melhor. Cuidado para não parecer um fiscal. Basta mostrar interesse pelo que ele estiver fazendo para notar melhora no envolvimento com os estudos. Ver que você se interessa será um estímulo a mais para ele dar o melhor de si. A maior parte dessas dicas deve ser aplicada até que a lição se torne um hábito. Depois disso, seu filho já será capaz de, sozinho, seguir a maioria delas de forma espontânea. Vale lembrar que a sua missão é demonstrar reconhecimento e interesse pelos estudos de seu filho. Certifique-se de que o elogio a ele torne-se um hábito para você!

13

DESENVOLVENDO SENSO DE RESPONSABILIDADE

Muitas vezes, a relação com os filhos é tão tumultuada e a vontade de acertar é tão grande que os pais nem se dão conta de quanto poder têm para acalmar a situação e tornar os preciosos dias da infância e adolescência dos filhos mais prazerosos.

Quando conseguem perceber que pequenas mudanças de atitude geram grandes impactos positivos na personalidade e na convivência com os filhos, os pais não somente melhoram seu dia a dia em família, como também ajudam a colocar um adulto mais bem resolvido nesse mundo tão conturbado.

O grande desafio é quebrar o círculo vicioso da correria e da culpa que características da vida moderna jogam sobre nós, pais e responsáveis. Pais com carreiras profissionais que exigem longo tempo de dedicação, viagens e ausências em momentos marcantes. Pais separados que dividem, entre famílias com diferentes configurações, a educação de seus filhos.

Um bom começo é enxergar isso exatamente como dissemos anteriormente: características da vida moderna. Você não tem que sentir culpa por uma característica. É como ser baixo ou ter olhos claros. Nada disso é qualidade ou defeito. É uma característica de uma pessoa. O que ela faz da vida, o caráter que possui, como entende e pratica a ética, esses sim são pontos importantes e podem ser moldados.

Neste capítulo vamos falar sobre como passar por cima da culpa e ajudar seu filho a desenvolver senso de responsabilidade.

**COMECE AJUDANDO-O A ENTENDER QUE ELE TEM RESPON-
SABILIDADES E QUE AS ESCOLHAS DELE TÊM SEMPRE CONSE-
QUÊNCIAS QUE DEVEM SER ASSUMIDAS**

Se na hora de acordar para ir à escola, seu filho resolver dormir mais
15 minutos, como consequência, pode ser que ele não tenha tempo
de tomar café da manhã. Você, como responsável, não deve adian-
tar o preparo do café para que ele consiga comer mesmo assim. É
comum casos em que pais nessa situação deixam o leite na xícara e
passam manteiga no pão para que os filhos não se atrasem porque
resolveram dormir um pouquinho mais. Não importa a idade, a mensagem transmitida com essa atitude será altamente prejudicial ao
desenvolvimento de senso de responsabilidade de seu filho.

Da mesma forma que, se o boletim vier cheio de notas ruins, você
deve ajudá-lo a lembrar das decisões que ele tomou que tiveram essas notas como resultado. Faça isso de maneira firme e consciente,
sem alterar a voz ou humilhá-lo. Se você começa a gritar, a mensagem vai ser contrária e dificilmente o filho encontrará energia e
motivação para a mudança de hábito que vai gerar um resultado
diferente no próximo período.

**SEU FILHO ESQUECE TUDO O QUE TEM QUE FAZER? CHEGA
EM CASA E PERCEBE QUE ESQUECEU O MATERIAL NA ESCOLA?
CHEGA NA ESCOLA E VÊ QUE DEIXOU O MATERIAL EM CASA?**

Sugerimos deixar uma caixa perto da porta da casa e explicar que,
ao chegar da escola, seu filho deve deixar todo o material dentro
da caixa.

A caixa deve ser o último lugar em que ele deve passar antes de sair
de casa para ir à escola. É dever dele checar se pegou todo o material necessário para aquele dia.

Aos poucos ele vai se acostumando não só a sempre guardar seu
material dentro da caixa, como também a checar a caixa antes de
sair. Conforme ele desenvolve o hábito de conferir se está com a mo-

chila completa, você pode mover a caixa para mais longe da porta, até conseguir deixá-la no quarto dele. Lembre-se de que somente seu filho coloca e tira o material escolar desse local.

Outro recurso para ensinar seu filho sobre responsabilidade e sobre as consequências das escolhas que faz é começar a cuidar de um pequeno jardim ou de um vaso de flor. Os efeitos positivos e negativos de acordo com o trabalho são muito claros e concretos, o que facilita a relação causa-consequência na cabeça até mesmo de uma criança.

14

EQUILÍBRIO NO TEMPO DE TELA

O QUE VOCÊ CONTROLA E O QUE INFLUENCIA NA EDUCAÇÃO DO SEU FILHO

Seu cansaço físico e esgotamento emocional na educação dos filhos têm explicação: você NÃO tem como CONTROLAR:

1. O quanto seu filho aprende;

2. Como se relaciona com família, colegas e outros adultos;

3. Como ele responde a situações de estresse.

Ainda assim, os recursos para seu filho lidar com esses desafios dependem totalmente de como você exerce o controle sobre aquilo que está ao seu alcance.

Ao educar um filho na expectativa de que possamos ter controle sobre o que eles vão dizer, gostar, aprender é viver em um estado constante de frustração e ansiedade. Dessa forma, perde-se a oportunidade que a maternidade/paternidade traz: educar filhos para construírem um mundo no qual eles sintam prazer em viver. Sim, para isso é necessário conseguir que nossos filhos estudem, façam a lição de casa, tenham relacionamentos amigáveis e saudáveis com os irmãos, familiares e colegas da escola. Que se alimentem bem, durmam o tempo necessário para um desenvolvimento saudável, encontrem equilíbrio no tempo de tela. Esses e outros desafios que fazem parte da educação nos tempos caóticos em que vivemos. E na sua cabeça deve haver agora um ponto de interrogação com a seguinte pergunta: para conseguir que meu filho alcance esses objetivos, não sou eu o responsável por controlar aquilo que ele pode ou não fazer? Não! Essa expectativa de que você tem controle sobre as reações do seu filho em situações do dia a dia ou sobre o desempenho dele na escola tira de você o poder que realmente tem para educar filhos que crescem de bem com a vida, construindo relações saudáveis e com bom desempenho na escola. Sim, tudo depende de você. Só que não está sob seu controle, e sim dentro do seu poder de influência.

Se essa é uma notícia boa ou ruim, vai depender do quanto você está disposto a investir tempo em si mesmo, para buscar equilíbrio emocional, controlar seus próprios impulsos, ajustar sua postura e fala para, aí sim, exercer a influência que tem sobre seu filho e educar para que ele seja feliz.

Achar que nosso poder de controle é maior do que realmente é gera uma sobrecarga tremenda nos pais, que vivem tentando monitorar resultados sobre os quais não têm poder algum. Isso se torna uma carga constante de estresse e preocupação, porque, toda vez que esperamos resultados agindo fora do nosso Círculo de Controle, vamos falhar.

AFINAL, O QUE É NOSSO CÍRCULO DE CONTROLE?

Imagine três círculos, um dentro do outro. O círculo central é seu Círculo de Controle. Dentro dele, você exerce influência máxima e realmente tem poder de decisão. O círculo do meio inclui as coisas sobre as quais você tem influência. Tudo aquilo que você influencia, porém, por mais que deseje, não tem como controlar, está nesse círculo: sua família, seu filho, seus amigos, seu parceiro de vida. E no círculo maior estão questões do dia a dia, que impactam nossa vida, porém sobre as quais não temos controle: política, clima, noticiário.

Para educar filhos emocionalmente equilibrados, que tenham uma relação saudável com os estudos, precisamos cuidar do nosso Círculo de Controle e garantir atenção e energia ao Círculo de Influência.

A causa de tanto estresse e sofrimento na educação nos dias atuais vem da angústia de tentar controlar o que está fora do nosso alcance e deixar em segundo plano aquilo em que devemos: nossas palavras, nossa postura, o equilíbrio emocional, os cuidados com a saúde mental. Ao longo deste capítulo, vamos mostrar como seu Círculo de Controle e de Influência podem ser acionados na prática para ter dias mais leves dentro de casa, educar filhos emocionalmente equilibrados e oferecer os recursos que eles precisam para ter um bom desempenho escolar e minimizar as defasagens deixadas pelos tempos de aulas remotas.

CONTROLE X INFLUÊNCIA: HORA DA TAREFA

Por que um momento que poderia ser simples, tomar pouco tempo e gerar sentimento de satisfação segue como um dos momentos de maior estresse dentro de casa? Nossa ilusão de que podemos e devemos controlar o desempenho que nossos filhos terão ao fazer a lição de casa explica o grande transtorno em que a tarefa se transformou no dia a dia das famílias. Aliado a isso, investimos pouco tempo no contexto que de fato gera grande influência para que nossos filhos consigam assumir essa responsabilidade que é deles. Para tornar a lição de casa um momento que é parte da rotina e da responsabilidade do seu filho, primeiro você precisa agir no seu próprio Círculo de Controle: se sente uma culpa enorme na hora em que seu filho reclama da lição, é você que precisa buscar ajuda para resolver essa questão que é sua. Ter uma escola que se preocupa com o processo de aprendizagem, que dá oportunidade para praticar aquilo que seu filho está estudando, que apoia e se dispõe a ajudar é um privilégio enorme. Reclamar porque preferiria continuar brincando ou jogando é parte do processo de crescimento, da infância ou adolescência. Não há nada de errado nisso. Tentar mudar seu filho, para que ele não reclame, é se desgastar, gerar estresse e brigas. Seu controle está em entender e reduzir o sentimento de culpa e o medo de não ser amado. E sua responsabilidade como mãe ou pai está em manter uma rotina em que as responsabilidades que são do seu filho sejam claramente estabelecidas e estimuladas. Ter um horário combinado previamente, e não negociado a cada dia, um ambiente tranquilo e organizado que favoreça a concentração e elogiar o cumprimento dessa responsabilidade são os recursos que você tem para influenciar que seu filho cumpra o papel que é dele. Deixe de lado a necessidade do controle sobre erros, acertos, quantidade e conteúdo da lição. Isso está fora do seu Círculo de Controle e tira a energia que você precisa concentrar no seu Círculo de Influência. Quanto mais você consegue enxergar esse momento como oportunidade para seu filho, sem culpa ou remorso e exercendo seu papel de responsável, mais seu filho vai sendo influenciado por sua postura e aprende a lidar com os desafios que são dele: aprender a cumprir as responsabilidades que o papel de estudante pressupõe, lidar com a frustração de interromper o divertido para cumprir o necessário e ter orgulho da própria capacidade de superação!

CONTROLE X INFLUÊNCIA: TEMPO DE TELA

Em nenhum lugar do mundo, pais e mães questionam o quanto conseguir tirar os filhos da tela se tornou um dos maiores desafios na educação dos dias atuais. O nível de angústia, ansiedade e depressão gerado nos responsáveis por sentirem que não estão dando conta tem crescido rapidamente. E, no desespero de encontrar uma solução, os pais cada vez mais tentam controlar as atitudes e o tempo dos filhos, ao invés de agir inicialmente a partir do próprio Círculo de Controle. Lembrando que dentro do nosso Círculo de Controle estão nossas posturas, nossas atitudes, nossas palavras, nossa segurança e nosso arsenal de recursos para lidar com diferentes desafios. Podemos fazer uma analogia com o ditado que diz o quanto você consegue atrair mais borboletas cuidando do seu jardim do que correndo atrás delas. Na prática, isso significa que organizar uma rotina saudável dentro de casa vale mais do que gastar energia todos os dias tentando convencer seu filho a desligar o celular ou tablet. Nesse ponto, muitos pais respondem: "mas eu combino, só que ele não cumpre. Eu tenho que falar dez vezes, até perder a paciência e gritar, aí sim ele desliga, mas o clima já está horrível". O que está faltando nesse combinado? Aquilo que está no seu próprio controle. O que você prometeu a si mesmo de fazer nesse momento para que sua influência possa impactar seu filho? É na sua atitude que seu filho está baseando a reação que tem. Se toda vez ele insiste e você cede, ele está confirmando que essa é a postura que você espera. Se toda vez você fala dez vezes e depois grita, aí ele desliga, mas você está cheio de remorso e se torna permissivo, ele está seguindo com a mesma postura a partir da influência da sua atitude. Mantenha o foco naquilo que você controla: sua própria atitude. Prometa a si mesmo que não vai falar dez vezes. Que não vai gritar. Substitua essas reações por consequências que você controle e cumpra, focando sempre em manter seu autocontrole. Sua mudança de atitude vai influenciar rapidamente uma nova postura no seu filho. A partir do seu exemplo, ele vai descobrindo e melhorando o controle que precisa ser dele: seguir regras, aceitar limites que precisam ser colocados pelo bem do desenvolvimento saudável que temos a responsabilidade de garantir a eles!

CONTROLE X INFLUÊNCIA: CONCENTRAÇÃO E MOTIVAÇÃO PARA OS ESTUDOS

Sim, nossas crianças e nossos adolescentes têm cada vez menor poder de concentração. Entre outros fatores, o ritmo de vida corrido e a presença das telas em tempo integral dentro de casa são responsáveis por essa menor capacidade de foco e concentração. A motivação e o interesse pelos estudos seguem na mesma linha. E o ponto comum entre esses fatores é que não podem ser transferidos, transmitidos ou simplesmente colocados em prática por obediência. Eles são fatores internos, que precisam ser desenvolvidos por nossos filhos. Estão dentro do Círculo de Controle das crianças e dos adolescentes, porém sem que eles tenham consciência disso. A boa notícia é que são também elementos que pertencem ao nosso Círculo de Controle e que podemos agir conscientemente para aumentar nossa capacidade de usá-los e, ao mesmo tempo, exercer a influência para que nossos filhos aprendam e desenvolvam essas habilidades. Sim, dá trabalho ensinar seu filho a se concentrar nos estudos. E mais trabalho ainda para ajudá-lo a desenvolver a motivação necessária para aprender. Mas dá menos trabalho do que esse desgaste todo que você tem hoje, tentando impor essas mudanças, sem melhora alguma nos resultados. Você exerce a influência para que seu filho se concentre durante aulas, tarefas, estudos e melhore a motivação e o interesse ao fazer ajustes na rotina e aproveitar momentos em família para modelar essas atitudes. Refeições sem tela, por exemplo, é uma atitude que está ao seu alcance. No entanto, como o sabor inicial é amargo para todos, requer muito autocontrole dos pais: manter a voz calma e baixa, não tentar convencer seu filho de que é importante para ele, seguir firme no propósito de encontrar um assunto envolvente ou simplesmente aceitar que, inicialmente, seu filho vai comer bravo, mas vai passar. Tudo isso está dentro do círculo de controle dos pais! Além dos frutos que vocês vão colher na relação e no desempenho nos estudos, esse esforço vai gerar vínculos mais firmes em família e capacidade de resiliência ampliada para todos!

CONTROLE X INFLUÊNCIA: EQUILÍBRIO ENTRE O MUNDO REAL E O VIRTUAL

O sentimento de não estar dando conta, de não ser bom o suficiente e não estar cumprindo o papel de responsável tem tomado conta dos lares nos últimos tempos. Uma grande parte dessa sensação vem da frustração por não conseguir controlar o tempo que os filhos passam navegando pelo mundo virtual e o tempo que deveriam passar nas relações com a família e o estudo. Na tentativa de impor regras que teoricamente levariam ao resultado desejado, vem um tsunami de angústia e desespero, ao ver o tempo passando rapidamente. E, de repente, aquele filho, que ontem mesmo era um bebê, respondendo de forma brusca, tirando notas baixíssimas na escola, recusando momentos de diversão em família. Para mudar esse cenário, é preciso mudar a forma como você, responsável, aborda questões tão difíceis e características dos tempos atuais, como a necessidade do equilíbrio entre o mundo real e o virtual. Essa relação equilibrada vai impactar de forma positiva todos os aspectos do desenvolvimento do seu filho: relacionamentos pessoais, amizades, autoestima, autoaceitação, motivação e prazer para os estudos. O ponto de partida é deixar de focar no tempo que seu filho passa conectado. E concentrar seus esforços e atenção naquilo que de fato gera a influência necessária para que seu filho consiga passar mais tempo exercitando o olho no olho, o desafio de conviver com crianças ou adolescentes da mesma idade e a convivência em família. Combinar períodos do dia em que todos passarão desconectados, fazendo outras atividades, e estar pronto a assumir a responsabilidade de não renegociar ou mudar as regras diante dos ótimos argumentos que seu filho trará. Mesmo diante do esforço que será necessário nos primeiros dias, até que todos tenham descoberto que há vida, e rica, fora do mundo das telas também. Para isso funcionar, não é seu filho que precisa estar pronto. É você que precisa estar decidido e equilibrado. Os detalhes de como organizar a rotina que favorece a busca pelo equilíbrio entre mundo real e mundo virtual, dois aspectos que farão parte da vida do seu filho para sempre!

AS DORES E AS DELÍCIAS DE EDUCAR FILHOS NA ERA DAS TELAS

Vivemos em um constante tsunami de informações. A cada onda que passa, ficam dúvidas, medos, incertezas. E vamos tentando educar nossos filhos enquanto ainda estamos aprendendo a lidar com tantas variáveis sobre as quais nosso controle é cada vez mais questionável. Como tudo que é novo traz insegurança, vivemos em constante estresse quando o assunto é educação dos filhos e os impactos das telas nesse processo. A receita perfeita não existe. A garantia de que se você fizer isso, o resultado será aquilo também não. Mas uma certeza podemos ter: a tecnologia estará cada vez mais disponível e será parte da vida de nossos filhos, seja lá qual for nossa opinião em relação a isso. Cabe a nós entender como as diversas telas podem se tornar aliadas e quando se tornam prejudiciais. Mais que isso, vamos olhar juntos para as alternativas que temos na busca de uma educação que prepara para o mundo real, tirando o melhor proveito dos recursos digitais. Na teoria, todos sabemos o segredo: equilíbrio. Mas o que isso significa na prática? Leitura e escrita perdem espaço ou ganham importância? TV, tablet, celular, computador, videogame e a grande atração que gera em nossos filhos.

POR QUE RELUTAMOS TANTO EM SEGUIR NOSSA INTUIÇÃO NA HORA DE ESTABELECER REGRAS PARA O USO DAS TELAS NA ROTINA DIÁRIA DE NOSSOS FILHOS?

Relutamos em ser firmes na hora de estabelecer regras em relação ao tempo de tela por diversos motivos. Insegurança. Receio de frustrar nossos filhos. Estresse gerado pelo constante cabo de guerra entre o tédio do mundo real e os estímulos do mundo virtual. Ao flexibilizar demais todas as regras e os valores que fazem parte da pessoa que você é, fica um enorme vazio dentro do peito. O ponto mais confiável no qual você pode buscar o equilíbrio está na resposta a uma pergunta: que valores você quer passar para seu filho? Precisamos assumir que sem enfrentar momentos de frustração agora, nossos filhos não terão ferramentas para serem felizes no futuro. Será que deixar seu filho bravo, triste ou frustrado porque está na hora de se desconectar para viver o mundo real é mais difícil para ele ou para nós, adultos? Ou será que a tela está se tornando cada vez mais o calmante que esconde os reais problemas que vocês precisam encarar juntos? Pense. Sem medo de encontrar as respostas. Mas lembre-se de que o remédio e o veneno muitas vezes têm como única diferença a dose. Nenhuma tela por si só é prejudicial. Além do equilíbrio no tempo de exposição, é preciso equilíbrio no uso que nossos filhos fazem das telas. Uma receita simples, capaz de ajudar no tão sonhado equilíbrio: usar as telas para ajudar na criação do hábito da leitura. Combine com seu filho uma proporção de tempo online e offline. E no tempo desconectado, ele pode usar a tela para ler. Baixe junto com ele livros e materiais que vocês possam explorar juntos e faça da leitura um mecanismo de troca por tempo online. Isso não elimina a necessidade de regras quanto ao tempo de tela, mas acrescenta um uso que pode aproximar você de seu filho e seu filho dos estudos: o hábito da leitura!

SABE O QUE VOCÊ CHAMA DE "PERSONALIDADE FORTE"? NA VERDADE É FALTA DE HABILIDADE PARA LIDAR COM AS FRUSTRAÇÕES QUE FAZEM PARTE DO MUNDO REAL!

Lembra de como você esperava ansioso por seu desenho favorito na TV? E de quando era preciso combinar horário para falar com um familiar que morava longe, porque só existia telefone fixo? Todas essas atividades eram escolhas que fazíamos, sem perceber. Para cada escolha, uma renúncia. Ou almoçávamos, ou assistíamos à TV. Ou saíamos com amigos, ou ficávamos em casa ouvindo música. Tempo e local eram sempre escolhas que tínhamos que fazer. Hoje, nossos filhos nascem e crescem sem a mínima noção de restrição: é sempre isso e mais aquilo. Assistem aos seus desenhos favoritos na sala, na cozinha, no carro, na mesa do restaurante, a qualquer horário. O poder de eliminar barreiras de tempo e espaço somente será vantagem se conseguirmos ensinar a nossos filhos que a vida no mundo real continua a ser feita de escolhas. Seu filho não aprenderá a ler e escrever se não conseguir focar nessas atividades, só nelas, sem outros estímulos simultâneos. Os relacionamentos com colegas e familiares vai gerar frustrações enormes se nossas crianças não aprenderem a olhar nos olhos da pessoa com quem interagem. Esperar um prato chegar à mesa, percebendo o tempo que isso leva é aprendizado para a vida. Olhar pela janela do carro no trajeto para a escola é preparação para ler, escrever, contar. Sim, é possível aproveitar o melhor do mundo digital e ainda assim ser capaz de conviver em sociedade e ser feliz. Mas isso depende mais de nós, responsáveis, do que de nossos filhos. A consciência de que existem dois mundos e de que precisamos aprender a transitar entre eles é nossa. A responsabilidade por educar pessoas capazes de abrir mão, fazer escolhas e priorizar opções. Seu maior aliado nessa missão nada fácil é a leitura. Leia com seu filho. Leiam livros físicos e livros digitais, mas leiam!

NENHUMA TELA TEM PODER MAIOR DO QUE A FAMÍLIA QUANDO SE TRATA DE INFLUENCIAR O COMPORTAMENTO DOS FILHOS PARA A CONVIVÊNCIA NO MUNDO REAL

É uma missão quase impossível controlar tudo a que nossos filhos têm acesso. Mas é extremamente necessário assumir que ainda somos nós os responsáveis por educar essas crianças e esses adolescentes. Isso significa que não adianta esperar que alguém controle tudo o que está sendo publicado nesse mundo sem dono que é a Internet. Conseguir adiar ao máximo a idade com que seu filho terá acesso às telas sozinho é o ideal. E esse máximo vai depender de vários fatores que são diferentes em cada família. Porém, há um ponto que precisamos acordar e manter sempre alerta em nossa mente e coração: o poder da família é sempre maior, imensamente maior do que o das telas. Só há comportamento negativo ou violento que é repetido nas relações com a família ou na escola se faltar o equilíbrio na hora de educar em casa. Justificar mordidas, socos, brigas, palavrões e falta de respeito com mau exemplo de algo que seu filho assiste na TV, Youtube ou em qualquer plataforma é um erro. Se o exemplo negativo está gerando impacto tão grande no seu filho, passou da hora de rever a rotina, estabelecer regras e fazer cumprir o que for combinado. Precisa tirar as telas da vida do seu filho? Não, mas precisa colocar como prioridade ensinar a conviver no mundo real. E para ensinar a separar o que é bom e o que não serve,. precisa assistir junto. Precisa usar as telas com todo o potencial que elas trazem. Por que as crianças e os adolescentes só pensam no verbo "assistir" quando encontram uma tela? Porque faltou criar o hábito de ler usando também essa ferramenta. E adivinha quem tem o superpoder de mostrar essa outra face das telas? Sim, você que está lendo este texto agora mesmo!

UMA SEQUÊNCIA QUE AJUDA NO EQUILÍBRIO DE TEMPO DE TELA E TRAZ BENEFÍCIOS PARA TODA A FAMÍLIA:

1. Ler o livro;

2. Assistir ao filme/desenho da história lida.

Não há problema algum em admitir que tanto a TV quanto as outras telas abrem um espaço para que possamos dar conta das milhares de atividades que temos a cumprir todos os dias. Enquanto estão distraídos no mundo digital, os filhos dão aquele sossego tão sonhado para que os pais possam correr com tudo o que vai se acumulando em casa. Inicialmente é preciso ensinar que há opções no mundo real. Brincar, jogar, ler junto. Depois deixar que seu filho continue sozinho ou invente outras brincadeiras enquanto você faz aquilo que precisa ser feito. Toda vez que você tira um tempo para focar somente no seu filho, é como um investimento que vai render mais e mais conforme ele cresce. Cabe a nós criarmos um ambiente e as regras necessárias para uma vida saudável e equilibrada, seja qual for a idade do seu filho. Uma dica que ajuda a ter momentos de autonomia, tanto no mundo real quanto no virtual, deixando você livre para suas atividades é fazer a dobradinha livro + filme/desenho. Primeiro leia para seu filho, ou com seu filho, livros com histórias que tenham a versão também em filme ou desenho. Depois de terem lido o livro, o interesse pelo desenho ou filme fica ainda maior. Além de ser uma opção que desenvolve diversas habilidades, ela abre também espaço para vocês conversarem no caminho para a escola ou durante as refeições sobre situações que apareceram de forma diferente em cada um dos formatos. Ler o livro antes de assistir ao filme/desenho ajuda também para que a criatividade seja estimulada, já que seu filho terá a oportunidade de criar as imagens das situações e personagens de acordo com as referências e memórias que ele já tem. Depois ele vai comparar o que imaginou com as personagens e situações retratadas nas telas em que assistir a história que já leu. Uma forma de equilibrar o tempo, seja de uso da tecnologia ou dos próprios pais! Selecionamos uma série de sugestões de livro + filme para ler + assistir com os filhos:

• Harry Potter

- • O Mágico de Oz
- • Peter Pan
- • O Pequeno Príncipe
- • Matilda
- • Diário de um Banana
- • O Rei Leão
- • Viagem ao Centro da Terra
- • O Bom Gigante Amigo
- • Extraordinário
- • A Fantástica Fábrica de Chocolate

5 PONTOS QUE VOCÊ PRECISA TRABALHAR EM SI PARA AJUDAR SEU FILHO A TER EQUILÍBRIO NO TEMPO DE TECNOLOGIA

1. Se você tem a sensação de que seu filho está passando tempo demais conectado, pode ter certeza de que você está certo. Precisamos enfrentar os medos que nos impedem de ajudar nossos filhos a encontrarem o equilíbrio no tempo de uso da tecnologia.

Seu filho não vai conseguir se desconectar sozinho. Aplicativos, jogos e programação online têm um poder imenso de prender a atenção e gerar uma necessidade extrema por mais e mais estímulos da tecnologia. É impossível que um nativo dessa geração consiga dizer que cansou, que não quer mais ou que prefere fazer outra atividade fora da tecnologia. Especialmente quando não houve tempo para que essa criança ou esse adolescente aprendesse a viver no mundo real. Descobrir os prazeres do olho no olho e da convivência com outras pessoas são aprendizados que dependem de nós, adultos responsáveis. Faz parte das nossas responsabilidades ajudar nossos filhos a encontrar esse equilíbrio. O maior desafio para pais, mães e avós é vencer o medo e a dor que sentem ao ver a reação negativa de crianças e adolescentes quando precisam desligar suas telas. Esses medos, essas dores e esses traumas que são nossos, dos adultos responsáveis, precisam ser entendidos e aliviados para que possamos cumprir esse papel tão importante: ensinar sobre equilíbrio. Vamos juntos buscar estratégias para manter a determinação, sem perder o respeito pelo desafio que essa mudança representa para nossos filhos. Você consegue pensar que sentimentos fazem você recuar quando seu filho resiste em desligar a tecnologia?

2. Primeiro precisamos aceitar que nossos filhos vão enfrentar momentos de frustração até conseguirmos uma rotina equilibrada no uso da tecnologia. E isso vai ajudar para que se tornem mais seguros e preparados para os desafios da vida. Se você conseguir passar por esse desafio, seu filho consegue também!

3. Para conseguir ajudar seu filho a reduzir o tempo conectado, você vai precisar aumentar o tempo que dedica a ele, brincando, conversando ou dando atenção. Até reencontrarem o equilíbrio dentro de casa, você vai sim ficar sobrecarregado, mas vai valer a pena toda a energia que você colocar nesse período!

Um dos motivos por que é tão difícil diminuir o tempo que nossos filhos passam conectados é nossa própria rotina corrida. São sempre tanto afazeres que mal percebemos o quanto reforçamos o padrão de consentir que eles fiquem só mais um pouquinho e depois só mais um pouquinho, até que não conseguem mais ter controle sobre o próprio tempo. Inicialmente dá um trabalho enorme para nós, os responsáveis, ter filhos desconectados por mais tempo. Mas os benefícios que todos colhem desse tempo vão para a vida toda: mais equilíbrio emocional, melhor autoestima, maior capacidade de concentração, mais respeito nos relacionamentos. E muitas outras habilidades que vão fazer a diferença no envolvimento com os estudos e na aprendizagem. Pense nesse período como o investimento de maior retorno que você fará na vida. Seu investimento será de tempo e energia. Inicialmente você precisa estar próxima para conversar, ensinar que há possibilidades e descobertas no mundo real e ouvir as lamentações e logo seu filho encontrará seu próprio equilíbrio. Mas, até lá, você vai sim deitar mais cansada. Vai sim precisar deixar acumular roupas e trabalhos. Devagarinho pode envolver seu filho para ajudar nessas atividades, enquanto vocês conversam. Mas vai precisar de tempo só para vocês, até que o mundo equilibrado, com menos tempo conectado, volte a fazer sentido e seu filho possa estar seguro para crescer sem a dependência que a tecnologia gera. Vocês vão conseguir e os momentos de paz em família vão fazer ter valido a pena toda a energia que você colocar nesse desafio!

4. Sabe aquele medinho escondido lá no fundo do peito? Aquele que você não conta nem para si? O receio do seu filho amar menos você ao ser contrariado? Então, livre-se desse pesadelo, pelo seu bem e pelo bem do seu filho!

Seu filho não vai deixar de amar você. Ao contrário, quanto mais você ajudar a construir um caminho em que ele se sinta seguro, mais próximos vocês ficarão. Limites trazem segurança para crianças e adolescentes. O fato do seu filho desafiar você não significa que ele não aceite limites. É simplesmente parte do crescimento e do desenvolvimento das habilidades necessárias para lidar com os desafios da vida real. Tudo bem ver seu filho frustrado porque não gostaria de se desconectar. Tudo isso é parte do crescimento dele, da construção de uma estrutura sólida para aguentar os desafios mais difíceis que virão. No momento em que você estabelece as regras de tempo de uso de tecnologia e garante que sejam cumpridas, não é hora de discutir relação ou de considerar o que ele diz sobre você. Aliás, é hora de manter a calma e uma postura de respeito e exigir a recíproca. Sem respeito, não há conversa. Se ele disser que não gosta mais de você, mantenha sua doçura e diga que você o ama do mesmo jeito. Só isso. Dê um tempo para que seu filho possa lidar com sentimentos que não conhece e não sabe como controlar. Depois que estiver mais calmo, pergunte se ele quer conversar e repita que você está sempre pronto a falar e ouvir, ouvir muito. Se bater a insegurança por medo de não ser amado, busque ajuda para reabastecer seu amor-próprio. Lembre-se das vezes que você se revoltou contra seus pais e de como enxerga hoje tudo o que eles fizeram por você. Dentro de você está a força necessária para ajudar seu filho a ter melhor autoestima e vencer seus próprios desafios. Vai dar tudo certo. E você será sempre muito amado!

5. Não tem nada de errado com você. Educar filhos em tempos de abundância de tecnologia é realmente um desafio gigantesco, sem precedentes. Você não precisa dar conta disso sozinho!

Buscar ajuda. Eis o lema que precisa ficar registrado. Não se deixe levar por momentos de tristeza, cansaço, desolação pelos desafios que está enfrentando na educação do seu filho. Mesmo antes da pandemia, educar filhos na era digital já era uma missão que exigia demais dos responsáveis. Os meses longe da escola, as aulas remotas, a falta de contato com os amigos agravou ainda mais as demandas para as famílias. E tornou a busca pelo equilíbrio no tempo em que os filhos passam conectados uma saga ainda mais cheia de segredos e dificuldades. Busque ajuda. Não desista pelo cansaço ou por ter tentado opções que não funcionaram. Estamos aqui para ajudar você a conseguir construir uma rotina equilibrada para seu filho. Juntos vamos conseguir que a escola, a família e a tecnologia ocupem seus devidos lugares, com o peso que cada um precisa ter no processo de educação de nossas crianças e nossos adolescentes. Que venham longos períodos de paz dentro de casa e muito amor em família!

SEU FILHO DE BEM COM OS ESTUDOS

Pais são *experts* em relação ao corpo de seus filhos. Eles sabem que comida pode fazer mal, qual é a temperatura que indica febre, quando a voz está ficando fanhosa de gripe.

Mas, geralmente, sendo os mais dedicados e os mais bem instruídos, os pais não têm as informações básicas sobre o cérebro de uma criança ou de um adolescente.

O mais irônico é que esse órgão tem papel central em todos os aspectos da vida da criança: disciplina, tomada de decisão, relacionamentos, aprendizagem, quem ela é e o que ela faz.

Como a memória e a predisposição para aprender são moldadas de acordo com as experiências que os filhos vivem em casa, é essencial que os pais conheçam mais sobre seu funcionamento e sobre como as atitudes do filho podem ser modificadas para uma melhor convivência social e para a aprendizagem a partir de ações simples do dia a dia. Foi a partir das descobertas da neurociência cognitiva que adaptamos essas estratégias fáceis de serem entendidas e simples de serem aplicadas diariamente com seu filho.

Ao dizer que as estratégias oferecidas são de simples aplicação, vale acrescentar que não estamos afirmando que será fácil fazer as mudanças necessárias para que a relação de seu filho com os estudos mude – e para melhor.

Sabemos exatamente em que ponto entram algumas dificuldades: na mudança de hábitos que fazem parte do dia a dia da sua família, mas que são a fonte de todo o estresse e da relação ruim que as crianças têm com o estudo hoje em dia.

Lembramos que um dos quatro fatores que compõem o hábito e cujo impacto é crucial para mudanças é a crença. E fica então a última dica deste nosso primeiro livro: a eficácia de tudo o que inserimos aqui é comprovada. Porém, só vai funcionar com você e sua família se você acreditar que seu filho é capaz.

Roberta e Taís

Para qualquer dúvida ou comentário, estamos à disposição nas redes sociais @soseducacao.

Este livro foi composto com a fonte Axiforma Family, impresso em papel Offset 90g em agosto de 2024.
Impressão Plena Print